少儿趣味常识早知道

追寻世界有趣的历史

郭珣/编

远方出版社

图书在版编目（CIP）数据

追寻世界有趣的历史 / 郭珣编. -- 呼和浩特：远方出版社，2022.12
（少儿趣味常识早知道）
ISBN 978-7-5555-1565-4

Ⅰ.①追… Ⅱ.①郭… Ⅲ.①世界史－少儿读物 Ⅳ.①K109

中国版本图书馆 CIP 数据核字(2022)第 239918 号

追寻世界有趣的历史
ZHUIXUN SHIJIE YOUQU DE LISHI

编　　者	郭　珣
责任编辑	孟繁龙
封面设计	宋双成
版式设计	圆　方
出版发行	远方出版社
社　　址	呼和浩特市乌兰察布东路 666 号　邮编 010010
电　　话	（0471）2236473 总编室　2236460 发行部
经　　销	新华书店
印　　刷	保定慧世源印刷有限公司
开　　本	787 毫米 × 1092 毫米　1/16
字　　数	132 千
印　　张	11.5
版　　次	2022 年 12 月第 1 版
印　　次	2023 年 1 月第 1 次印刷
印　　数	1—5000 册
标准书号	ISBN 978-7-5555-1565-4
定　　价	29.80 元

如发现印装质量问题，请与出版社联系调换

前言

　　历史，特别是世界历史，包含了太多的内容，要想阅读它、理解它，对于一个思维能力强的成年人来说都会感到力不从心，何况是儿童呢？因此，我们编写这本关于世界历史的图书，为小读者选择一个切入点和深入了解的途径。针对孩子的理解能力和阅读需求，我们摒弃了传统宏大的叙述方式，回到历史学的本质——讲故事上来。

　　首先，以孩子容易理解的语言，以客观的史实、以有趣的故事和思辨的眼光来呈现历史概貌。

其次,为了更加科学地解读人类的发展历程,本书运用"全史"体例。

第三,读史的目的是为了知今,进而洞见将来。本书在讲述世界历史时,不是将中国历史与世界历史分开讲述的,而是将中国历史融入世界历史的进程之中。

本书在以翔实的资料、生动的语言讲述这些重大事件发生、发展的精彩历程的同时,力求给小读者提供更广阔的视野,更多的想像空间,更高的审美享受和愉快体验。

目录

第一章 原始时代和文明古国

人类的起源	2
晚期智人	4
石器时代的人类文明	6
氏族公社的演进	8
国家的产生	10
古埃及王国的统一	12
两河流域古王国	14
赫梯和犹太王国	16
古印度文明源头	19
古希腊城邦文明	22
奥林匹克运动会	26
罗马共和国的建立	30

第二章 专制帝国的兴起和扩张

秦汉帝国	36
波斯帝国	39
希波战争	41
亚历山大东侵	44
古代丝绸之路	47
罗马帝国的兴起和崩溃	49
安息帝国和贵霜帝国	53
亚欧民族大迁徙	56
西罗马的分崩离析	59
查理大帝加冕	61
诺曼征服	64
德国封建国家的诞生	67
英法百年战争	69
拜占庭帝国的兴衰	71
亚洲早期的封建国家	73
封建帝国的征服历程	75

非洲与美洲的文明之路 ·············· 79

文艺复兴 ························ 82

新航路的开辟 ···················· 84

欧洲战争与亚洲帝国衰落 ············ 87

非洲奴隶贸易 ···················· 90

"五月花号"抵达美洲 ··············· 91

英国资产阶级革命 ················· 93

美国独立战争 ···················· 96

工业革命 ························ 98

拿破仑帝国的兴亡 ················ 101

维也纳体系的形成 ················ 103

拉丁美洲的独立运动 ··············· 105

美国南北战争 ···················· 107

欧洲革命与德意志统一 ············· 109

日本明治维新 ···················· 112

第三章 两次世界大战前后国际格局的演变

帝国主义国家的兴起 ··············· 116

巴黎公社革命 ···················· 120

国际无产阶级组织形成 …………………………………… 122

帝国主义瓜分世界 ………………………………………… 125

亚洲反殖民主义运动 ……………………………………… 129

中国辛亥革命 ……………………………………………… 133

非洲、拉美的民族独立 …………………………………… 135

两次巴尔干战争 …………………………………………… 138

第一次世界大战历程 ……………………………………… 140

巴黎和会 …………………………………………………… 143

华盛顿会议 ………………………………………………… 145

十月革命与共产国际建立 ………………………………… 147

非暴力不合作运动 ………………………………………… 150

土耳其革命 ………………………………………………… 152

罗斯福"新政" ……………………………………………… 155

德意日法西斯的兴起 ……………………………………… 157

二战的爆发 ………………………………………………… 160

"雅尔塔体系" ……………………………………………… 165

原子弹的发明 ……………………………………………… 169

联合国的成立 ……………………………………………… 172

漫画人物介绍

聪聪

聪明伶俐,喜爱阅读,知识丰富,能排忧解难,具有领导能力。

丽丽

美丽自信,特爱美,喜欢穿漂亮的公主裙,古灵精怪。

乐乐

天真、活泼、可爱、贪玩、爱睡懒觉,喜爱美食,喜欢与笨笨熊打趣,是大家的开心果。

笨笨熊

憨厚,可爱,爱吃蜂蜜,经常由于自己的无知而闹出笑话。

小虎

虎头虎脑,喜爱武术,经常运动健身;坚强,勇敢,极富正义感,喜爱打抱不平。

第一章

原始时代和文明古国

人类的起源

原始社会是从人类出现开始的,距今约300万年前人类出现了。不过,人类不是平白无故产生的,而是从古猿经过漫长的岁月进化而来的。在进化的过程中,劳动起了决定性的作用。原始社会是人类发展的最早时期。在这一时期,人类经历了早期猿人、晚期猿人、早期智人、晚期智人四个阶段,然后进入现代人阶段。从现代人的出现到国家的产生,人类又经历了血缘家族、母系氏族和父系氏族的漫长过程。国家的产生标志着阶级的出现和原始社会的结束,人类社会从此进入一个崭新的时期。

最早发现的古猿化石是原上猿,其生存年代为距今3500万年至3000万年前,其后则是埃及猿以及生活在热带和亚热带森林地区的古猿。晚期猿人又叫直立人,直立人化石最早是1891年在印度尼西亚的爪哇发现的,当时还引起了是猿还是人的争论。直到20世纪20年代,在中国北京周口店陆续发现北京猿人的化石和石器,才确立了直立人在人类演化史上的地位。直立人的生存年代在距今170万年前到20万年前。

现代人种是和晚期智人同时出现的。按照人类的外貌特征,人类学家把世界上的人种分为三类:黄种(或称蒙古利亚人种)、白种(或称欧罗巴人种)、黑种(或称尼格罗人种)。

晚期智人

尼安德特人是最早发现的早期智人，简称尼人。早期智人的生存年代为距今30万年到20万年前至距今5万年到4万年前。中国的马坎人、长阳人和丁村人均属尼人化石。尼人的体质和智慧比前人皆有很大的发展。

晚期智人又叫新人，其生存年代为距今5万年至1万年前。新人化石最早于1868年在法国克罗马努的一个山洞中发现，所以新人又称克罗马努人。新人身材较高，脑容量较大，这些特征已很接近现代人。新人会制造磨光的石器和骨器，已学会钻木取火。中国广西的柳江

人、内蒙古的河套人、四川的资阳人、北京周口店的山顶洞人等,均属新人。山顶洞人的洞穴里发现一枚长82毫米的骨针,表明他们已经能用兽皮缝制衣服;还有穿孔的兽牙和贝壳等装饰品,说明他们已经达到一定的生产水平和文化水平。洞里还找到一块大鲩鱼的上眼骨,推知该鱼长达80厘米,说明他们已有相当高的捕鱼技术。当时的社会,男女已有明确分工,男人打猎捕鱼,女人采集和管理氏族的内部事务。由于实行群婚制,所以妇女是氏族的中心。

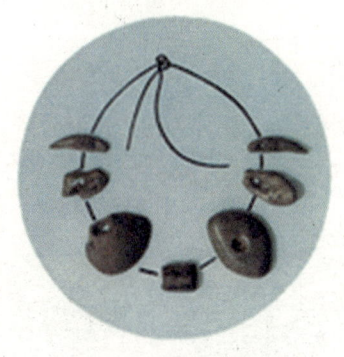

新人的分布较广,在亚、非、欧三洲,甚至在大洋洲和美洲,都有分布。据人类学家研究证明,在5万年前已有人类从亚洲通过白令海峡进入美洲;在4万年前,亚洲人从东南亚到达澳洲。

石器时代的人类文明

人类社会按照生产工具来分可以分为：旧石器时代、新石器时代、铜器时代、铁器时代、机器化大生产时代、电气时代和信息时代。

石器时代分为旧石器、中石器和新石器三个时期。旧石器时代又分为早、中、晚三个时期。早期在距今300万年至二三十万年前，使用的石器由砾石打制而成，十分简陋、粗糙，近似于天然碎裂的石头。中期为距今二三十万年至5万年前，人类主要靠采集和狩猎为生。晚期的石器相当美观、实用，同时出现了骨器与角器，距今5万年至1.5万年。晚期最为引人注目的是人类对火的使用，由使用天然火发展到人工取火。人类对火的发现与使用，开创了历史的新纪元。

中石器时代的时间为距今1.5万年至1万年前,这一时期社会生产力发展的主要标志是弓箭的发明。

在新石器时代,人类已经学会把石器放在石上加砂蘸水磨光,然后再在磨光的石器上钻孔。

新石器时代的石器类型有生产用的石斧、石锄,狩猎用的石球、石箭头,生活用的刀臼、石杵等。骨器包括骨针、骨锥、骨匕首等。新石器时代的生产工具进一步优化,生产能力得到进一步提高,人类对自然界有了新的认识,从狩猎经济中产生了原始畜牧业,从采集经济中产生了原始农业。

氏族公社的演进

最初,人类使用简单打制的石器和棍棒,过着采集和渔猎的生活,成群而居,到处游荡。这种原始人群经过漫长的岁月过渡到血缘家族阶段,这是人类第一个社会组织形式,继而又进入氏族公社阶段。

氏族公社分为母系和父系两个时期。新石器时代是母系氏族公社的全盛时期,其最为显著的特点就是一个氏族的所有成员皆来自一位女祖。

在母系氏族公社时期,人类完成了两项重大变革,一是由对动物的狩猎过渡到对动物的驯养;二是

由对植物的采集过渡到植物的种植。后一变革尤为重要,被称为农业革命。自此以后,人们开始过着较为稳定的定居生活。

原始社会是一个共同劳动、平均分配的社会。在这一时期,没有阶级,没有剥削,人与人之间的关系是平等自由、互相帮助的。在生产力发生巨大变革的条件下,父系氏族公社得到了确立。父系氏族的特点是以男子为中心,氏族血缘关系被削弱,氏族间、部落间的人员流动加强,从而出现了因共同经济利益而结成的农业公社。

父系氏族公社是原始社会走向解体的时期,人类开始过渡到金石并用和金属器时代。到了父系氏族公社的后期,私有制和阶级出现,原始社会瓦解,国家开始产生。

国家的产生

国家的产生是人类历史发展的转折点。第二次社会大分工以后,以军事首长为首的氏族贵族集团的权力和财富日益增长,原本为选举而产生的军事首长变为世袭,人民大会也就没有任何作用了。为了维护地位,也为了争夺更多的财富,一个阶级压迫另一个阶级的机关就产生了,这就是有着负责政治的官员、负责军事的军队、负责刑事的监狱等一整套统治机器的国家。

私有制和阶级出现是国家产生的重要前提。国家与氏族最根本的区别:国家按地域来划分它的国民,而氏族却以血缘关系来维系它的成员。

谁说得对

关于原始社会的历史,小伙伴们各抒己见,都在展示自己学习的历史知识呢。请你看看谁说得对,谁说得不对。

在原始时期,人类经历了早期猿人、晚期猿人、早期智人、晚期智人四个阶段,并进入了"现代人"的新阶段。

晚期猿人又叫"智人"。北京猿人是比较典型的晚期猿人,它的发现比较明确地揭示了从猿到现代人的中间状态。

使猿变成人的关键是劳动,劳动创造了人。如果懒惰不劳动,我们又会退化成猿猴的。

在旧石器时代的晚期,人类由使用天然火进化到人工取火。人类对火的发现与使用,开创了历史的新纪元。

古埃及王国的统一

大约从公元前3000多年开始,非洲北部的尼罗河流域以及亚洲西部的两河流域、南部的印度河流域、东部的黄河流域,逐渐出现了早期的文明古国,我们将其称为"四大文明古国"。在黄河流域夏商文明出现的同时,以希腊为中心的爱琴海地区也跨入了早期文明国家的行列。

早在公元前6000—前5000年,古埃及已有相当发达的农业,已开始使用铜器。在公元前4000—前3500年,古埃及人就分别在上埃及(尼罗河盆地的南部)和下埃及(尼罗河盆地的北部和三角洲)形成了相当规模的聚落。公元前3100年左右,技术和经济发展水平较高的上埃及统一了下埃及,建立了埃及第一王朝,建都孟斐斯。从第一王朝的建立到希腊

人入侵埃及之前，埃及共经历了31个王朝的更迭。埃及第一王朝的建立并不意味着古埃及的统一，此后又经过长期的战争，直到公元前2700年左右，埃及才出现比较巩固的统一王国，在古王国时期埃及最终实行了真正的统一。

统一后的古埃及王国，形成了世界上最早的奴隶制国家，并确立了以官僚体制为基础的君主独裁专制统治。国家的最高统治者国王，称"法老"。

古埃及在古王国时期开始修建金字塔，金字塔是古埃及法老的坟墓。因形状类似中国汉字"金"字，所以中国人称之为"金字塔"。在尼罗河下游平原上矗立着很多高大的金字塔，最大的一座是胡夫金字塔，建于公元前2900年左右。

两河流域古王国

在尼罗河下游埃及大金字塔拔地而起时,埃及东面亚洲的两河流域也跨入了文明时代。苏美尔人是两河流域文明的先驱,也是苏美尔文明的创造者。苏美尔文明之后,两河流域南部进入苏美尔早王朝时期(约公元前2800—前2371年)。到了公元前18世纪前期,整个两河流域都被古巴比伦王国(约公元前1894—前1595年)所统一。公元前8—前7世纪,地跨西亚、北非的亚述帝国推翻了古巴比伦,但后来亚述帝国又被新巴比伦和米底王国消灭。

苏美尔人发明的楔形文字是古代两河流域最为辉煌的文化成就之一。楔形文字与埃及象形文字、希腊迈锡尼线形文、中国甲骨文都是人类文明初期

的著名文字,它早在公元前3500年就出现了,起源于图形文字,因字迹笔画上宽下窄,很像木楔,所以人们称其为"楔形文字"。

在文学创作方面,《吉尔伽美什史诗》是已知的世界上最早的英雄叙事诗。

在天文学方面,苏美尔人早在苏美尔时代就将一年分为12个月,其中6个月每月30天,另外6个月每月29天,全年共354天。这便是著名的太阳历。

古代两河流域的建筑和雕刻也具有很高的水平。公元前22世纪,乌尔大寺塔出现了,另外还有亚述帝国时代最著名的建筑——萨尔贡二世的王宫。

在雕刻艺术方面,"汉谟拉比法典碑"是杰出的代表作。

赫梯和犹太王国

公元前1500年左右,赫梯王国的人们由于率先使用了大量的铁器,逐渐强大起来,成为显赫一时的帝国。腓尼基诸城市国家处于埃及和赫梯的统治之下,于公元前6世纪被波斯帝国兼并。公元前11世纪,历经沧桑的希伯来人终于建立了自己民族的王国——以色列犹太王国,创造了富有特色的犹太文明。

赫梯人最初活动于小亚细亚的哈里斯河(今土耳其克孜勒河)中上游一带,最初在赫梯境内有许多小国,在争战兼并中,各个小国建立了统一的赫梯。公元前15世纪末至前13世纪初是赫梯的鼎盛时期,它向外扩张并占领了大片土地。但到公元前13世纪后期,赫梯受到"海上民族"致命的打击,变得四分五裂,直至公元前8世纪被亚述帝国完

全消灭。

腓尼基并非一个国家的名称,而是一个民族、一个地区的名称。它位于地中海东岸北部的狭长沿海地带。公元前20世纪中叶以后,埃及和赫梯将腓尼基诸城市国家分别统治,直至公元前6世纪,波斯帝国将腓尼基兼并。

腓尼基字母文字是腓尼基人对古代世界所做出的最大贡献。这套字母是腓尼基人于公元前13世纪创造。

以色列犹太王国建立以后，扫罗（约公元前1030—前1010年）成为第一位国王，他将巴勒斯坦地区的72个部落统一起来组成了强有力的军队，不断向外扩张。到扫罗的孙子所罗门继位以后，以色列犹太王国的"黄金时代"来临了。所罗门打破传统的部族界线，将全国划分为12个行政区，对各区征收贡赋。他还大兴土木，兴建了金碧辉煌的宫殿，修建了一座豪华无比的圣殿。

所罗门死后，以色列犹太王国一分为二。北方叫以色列国，定都撒马利亚；南方叫犹太王国，仍以耶路撒冷为首都。后来，两个王国分别于公元前722年和公元前586年被亚述帝国和新巴比伦灭亡。公元前538年，波斯开国皇帝居鲁士允许犹太人在巴勒斯坦建立了一个臣属于波斯帝国的国家。

古印度文明源头

古代印度是世界上的几个人类文明发源地之一。在古代印度，大约距今4000多年之前，以印度河流域为中心，方圆50万平方千米的土地上，兴起了一个高度发展的文明——哈拉巴文化。

目前发现的哈拉巴文化大小城镇遗址200多处，其范围西起伊朗边境，东近德里，北及喜马拉雅山麓，南临阿拉伯海，呈巨大的三角形状，

足可称为古代世界面积最广的青铜文化。这一文化以南部的摩亨佐·达罗和北部的哈拉巴为中心，所以习惯上称为哈拉巴文化。可以肯定，其文明昌盛期已进入奴隶制发展阶段，与同期的埃及、两河流域水平相当。

根据考古学断定,哈拉巴文化在公元前3000—前1750年。哈拉巴文化的主要经济部门是农业,已发现了镰刀等农具。当时栽培作物种类多样,有大麦、小麦等等。除田间作物以外,椰枣、甜瓜也是人们常用的食物。当时人们已经能够驯养牛、山羊等动物及各种家禽。哈拉巴文化遗址中虽然有许多石器,但也发现了大量铜器。人们还掌握了对金银等金属加工的技术,从出土的手工艺品和奢侈品中,可以想象当时工匠的精巧技艺。

制陶和纺织是哈拉巴文化的两个重要方面,遗址中染缸的发现,表明当时已掌握纺织品染色的技术,纺织业与车船制造业等也已高度发达。城市的繁荣使哈拉巴文化的商业兴盛一时,不仅国内贸易活跃,国际贸易也特别频繁,在大量古迹遗址的发掘中,都充分证明了其与伊朗、中亚、两河流域、阿富汗,甚至缅甸及中国之间的贸易。罗塔尔海港遗址的发现,反映了当地与苏美尔的海外商业已经日常化。

哈拉巴与摩亨佐·达罗两处城市遗址,规模都相当大。街道布局整齐,纵横相交,房屋一般用砖建造,有的包括许多大厅和房间,还有两层的建筑,并有良好的排水设备,但一些小房则没有排水设备。这些情况说明,社会上已有财产的不平等和阶级的对立,已经存在依靠剥削养尊处优的统治者。印度河文明已经创造了自己的文字,它们主要存留于各种石器、陶器、象牙制的印章上,一般认为属于达罗毗荼语族,至今尚未成功释读。

哈拉巴文化延续了几百年后,于公元前18世纪消亡。之后,从印度西北方入侵的游牧民族雅利安人在印度创立了更为持久的文明。

古希腊城邦文明

公元前8世纪以后,在希腊地区陆续形成并长期存在各奴隶制城市国家经济。这种以奴隶制为基础的国家,往往以某个城市(起初是城堡)为中心,包括邻近各个村落,结成政治、经济的共同体,通常称为"城邦"。

希腊世界有大小城邦数百个,著名的有雅典、斯巴达、科林斯等,从未形成统一的局面。就其奴隶制经济发展的类型而言,城邦经济大体上可分为两种:一种是以阿提卡半岛上的雅典为代表的发展工商业和航海贸易的类型;另一种是以拉科尼亚平原上的斯巴达为代表的重农抑商类型。

雅典在氏族制度自身解体和阶级分化的基础上产生了奴隶制城邦。居民分为三类:一是公民。分贵族和平民。贵族拥有大量土地和奴隶,享有政治特权;平民包括小农和手工业者、商人等。二是外邦人。无公民权,不能取得土地,主要经营商业及航海。三是奴隶。来自战俘、拐卖、海盗劫掠及某些负债的自由民。由于雅典所在的阿提卡半岛谷物生产不敷所需,须经常从外地输入,而以本地的金属、陶器等精美工艺品和优质葡萄酒进行交换。公元前6—前5世纪,雅典的商品生产日益发达,出现了出身于平民的新兴工商业奴隶主阶层。他们使用奴隶劳动从事手工业生产。奴隶主在作坊和矿山除使用自己占有的奴隶外,还租用别人的奴隶。有的奴隶主专门经营出租奴隶。奴隶主还经营海外贸易,雅典的比雷

埃夫斯港不但是希腊地区，而且是东部地中海的重要商港，其进出口货物的关税收入是雅典政府的重要财源。

斯巴达人于公元前11世纪侵入伯罗奔尼撒半岛上的拉科尼亚平原。他们在征服过程中，把原有居民大部分变为集体所有的奴隶，称为希洛人；把小部分驱逐到边远地区，和当地居民一起，成为政治上无权的自由民，称为皮里阿西人。在公元前8世纪初，斯巴达的氏族组织开始转化为国家机构，形成城邦。全体斯巴达人是城邦的公民和统治者，集体占有被征服地区的土地，并按家庭数目划分，分给各家，但不能买卖、分割或转让，只能传给后代。份地交由希洛人耕种，希洛人向斯巴达人交纳谷物、油和酒。希洛人被固定在土地上，可以有家室和微薄的经济。斯巴达在征服异族过

程中确立了以农立国的传统。与雅典不同,斯巴达统治者限制发展工商业(仅由边区居民经营,收取税金),不许贵金属和货币流通。这些措施在一定时期内曾抑制了社会阶级的分化。但随着生产力的提高和外界的经济影响,商品经济仍有所发展。

希腊各城邦的经济发展是不均衡的。实力强大的城邦,如雅典、科林斯和斯巴达,都各自结成同盟,力图对外扩张称霸希腊,这种奴隶主集团之间的利益冲突,终于导致公元前5世纪后期雅典与斯巴达之间长达27年的伯罗奔尼撒战争。战后,农民和小手工业者大量破产,城邦内部各阶层之间矛盾激化,城邦制度陷入危机。

奥林匹克运动会

奥运会是奥林匹克运动会的简称,起源于古希腊的奥林匹亚赛会。大多数学者认为古代奥运会起源于公元前776年,每4年在夏天召开一次。

古代奥运会的产生与希腊当时社会的政治、经济、文化和宗教有着密切的关系。奴隶社会的希腊,战争连年不断,为了取胜,各个城邦都利用体育锻炼来培养身强力壮的武士,体育运动就在这种情况下

发展起来，逐渐形成了有组织的运动竞赛，为奥运会的产生打下了基础。此外，古希腊人信奉多神教，每逢重大的祭祀节日，各城邦都举行盛大的宗教集会，以唱歌、舞蹈和竞技等方式来表达对诸神的敬意。古希腊人认为宙斯神是众神之首，所以对他格外崇敬，对他的祭祀也格外隆重，这也促进了奥运会的产生。古希腊人民厌恶连年不断的城邦战争，渴望和平，希望在奥运会举办期间，以神的名义实行休战，以达到减少战争，摆脱灾难的目的。由此可见，奥运会是在战争背景和祭礼形式中产生的，但它又表达了人民对和平的美好愿望。

古代奥运会不仅是一种竞技大会，在它延续1000多年的时间里，实际上是古希腊人的一个全国性节日。"神圣休战"宣布之后，成千上万的人便向奥林匹亚涌去。在那里，各城邦的代表参加祭祀活动和游行；政治使节缔结条约；艺术家展出作品；学者和教师研讨学术；雄辩家发表演说；商人展售商品；人们穿着最华贵的衣服，带着最珍奇的珠宝，彼此炫耀

自己的富裕。各城邦派出的优秀选手则在竞技场上奋勇拼搏,向神和观众展示他们超人的体能、健美的身体和良好的教养。

早在公元前776年第一届古奥运会上,就有点"圣火"的仪式。它起源于古希腊普罗米修斯盗取火种的神话,希腊人常年在他们的主神庙前供奉着永恒的火焰。在奥林匹亚城的圣殿里,普罗米修斯面前的圣坛上终年燃烧着圣火,这里的圣火是利用太阳光线的热量点燃的。在雅典,每逢奥运会开幕前夕,人们便举行庄严、肃穆的仪式,在普罗米修斯的祭坛前点燃圣火,然后由几名运动员高擎火炬,奔向希腊各地,以纪念普罗米修斯盗取火种的壮举,传承其勇敢的精神。

　　古代的奥林匹亚赛会一共举行了293次。到公元前394年,侵入希腊的罗马帝国皇帝迪奥多西下令禁止举行比赛,奥林匹亚赛会中断了1500多年,直到1896年,第一届现代奥运会在雅典举行。

罗马共和国的建立

罗马位于拉丁姆地区台伯河下游的南岸,现在是意大利的首都。在公元前8世纪以前,那里是一个独立的城邦国——古罗马。这个国家最初的民族是拉丁人与萨宾人,他们散居在七座山岗上,后来部落联合,建起了强悍的国家。

公元前510年罗马人驱逐了前国王,结束了罗马王政时代,建立了罗马共和国,国家由元老院、执政官和部族会议三权分立。掌握国家实权的元老院由贵族组成。执政官由百人队会议从贵族中选举产生,行使最高行政权力。部族大会由平民和贵族构成。

自公元前5世纪初开始,罗马先后战胜拉丁同盟中的一些城市和伊特拉斯坎人等近邻,又征服了意大利半岛南部的土著和希腊人的城邦,成为地中海西部的大国。公元前215—前148年经过四次马其顿战争,罗马征服了马其顿并控制了整个希腊,继而控制了西亚的部分地区,建成一个横跨非洲、欧洲、亚洲,称霸地中海的大国。

公元前2世纪30年代至前1世纪30年代,罗马先后爆发了两次西西里奴隶起义和斯巴达克斯起义,形成了破产农民与大地主的斗争,无权者与当权者的斗争,骑士派与元老派的斗争。这些起义和斗争,沉重地打击了罗马奴隶主阶级,城邦奴隶制经济基础遭到动摇,奴隶主阶级的统治基础几近崩溃。

公元前107年,在民主派支持下,马略当选执政官并开始实行军事改革。他推行募兵制,使大批无地或少地公民涌入军队。公元前82年贵族派支持马略的部将苏拉率军占领罗马。次年,苏拉迫使公民大会选举他为终身独裁官,开创了罗马历史上军事独裁的先例,为罗马由共和国向帝制转变埋下了伏笔。公元前60年,克拉苏、恺撒、庞培秘密结盟,共同控制罗马政局,史称"前三头同盟"。公元前53年,克拉苏战死。公元前48年,尤利乌斯·恺撒在内战中击败庞培,被宣布为终身独裁官,集军政大权于一身。他厉行改革,但因独裁统治而招致政敌仇视,于公元前44年3月15日遭贵族派阴谋分子刺杀。恺撒死后,罗马内战又起。公元前43年,安东尼、雷必达、屋大维公开结盟,获得统治国家5年的合法权力,史称"后三头同盟"。随后屋大维打败另外两人。公元前27年元老院授予屋大维"奥古斯都"的尊号,建立元首制。屋大维大权在握成为事实上的皇帝,罗马共和国结束,古罗马进入罗马帝国时代。

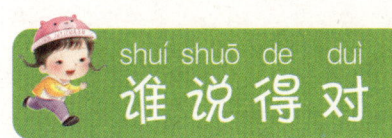
谁说得对

关于世界文明古国的历史，小伙伴们各抒己见，都在展示自己阅读世界通史的知识呢。请你看看谁说得对，谁说得不对。

> 非洲北部尼罗河流域，亚洲西部两河流域、南部印度河流域、东部黄河流域出现的早期文明古国，称为"四大文明古国"。

> 金字塔是古埃及法老的坟墓。在尼罗河下游矗立着很多高大的金字塔，最大的一座是建于公元前290年的胡夫金字塔。

> 古印度哈拉巴文化延续了几百年后，于公元前18世纪消亡。之后，雅利安人创造的文明在此兴起。

> 希腊世界有大小城邦数百个，著名的有雅典、斯巴达、科林斯等，从未形成统一的局面。

第二章

专制帝国的兴起和扩张

秦汉帝国

在中国历史的发展过程中,春秋诸国争霸以后,进入了战国时代。公元前221年,秦国吞并六国,统一了天下。秦朝是中国历史上第一个以皇权为轴心的中央集权制国家。

秦始皇统一六国之后,建立中央集权,实行郡县制,统一文字、货币、度量衡,开驰道、筑长城,建立了一个空前庞大的秦朝。但由于统治者的骄奢残

暴,秦朝很快被推翻。公元前209年,陈胜、吴广起义爆发,推翻了秦朝的统治。又经过4年的楚汉战争,公元前206年,刘邦称帝,建立西汉,国家才重新安定下来。

西汉的集大成者是汉武帝刘彻。在"文治"上,汉武帝采纳了董仲舒"罢黜百家,独尊儒术"的建议,将儒学立为国学。从此,儒学成为中国2000多年帝制王朝的正统思想。汉武帝的"武功"主要是大规模

拓宽疆域。

丝绸之路的开辟也是汉武帝的一大历史功绩，张骞出使西域有力地推动了中西方文化的交流。

经历了王莽篡位、刘秀复国后，东汉建立了。东汉虽坚持西汉休养生息的国策，但是各种矛盾已经加剧激化，东汉危机四伏。184年，张角发动黄巾起义，东汉分裂，逐渐形成魏、蜀、吴三国鼎立的局面。

波斯帝国

波斯位于伊朗高原的西南部,靠近波斯湾,大体上包括今天的伊朗、阿富汗和巴基斯坦(一小部分)。

在波斯帝国兴起之前,伊朗高原上曾先后出现过两个早期奴隶制国家:埃兰和米底。波斯是在与米底的斗争中兴起的。公元前6世纪,在米底与巴比伦作战和米底内部发生叛乱的时候,波斯人在显贵氏族居鲁士的领导下起来反抗,并于公元前550年推翻米底的统治,建立波斯王国,居鲁士当上国王。

波斯王国建立后,开始向外扩张。居鲁士及其子冈比西二世一直奉行扩张政策。公元前525年,国内爆发了大规模的起义,冈比西二世在回国镇

压途中去世，族人大流士发动政变，夺得王位，称大流士一世（公元前522—前485年在位）。

从居鲁士上台到大流士一世执政，前后仅28年时间，波斯从一个小国经地域王国发展为帝国，成为古代世界第一个地跨亚、非、欧三大洲的庞大帝国。大流士完成疆域扩张后，采取了一系列改革措施：建立完备的军政分权的行政制度；制定统一的贡赋制度；实行军事改革，皇帝集权指挥军队；统一铸币制度；修筑驿道等。大流士一世死后，波斯帝国开始走向衰弱，很快便被亚历山大帝国灭亡。

希波战争

希波战争是古代波斯帝国为了扩张版图入侵希腊的战争,战争以希腊获胜,波斯战败而告结束。希波战争是人类历史上第一次亚、欧两洲之间的大规模战争。希腊的取胜,使得西方世界的历史中心由两河流域向地中海地区推移,希腊文明得以保存并发扬光大,成为日后西方文明的基础。

公元前5世纪左右,波斯帝国经过"大流士改革",成为世界古代史上第一个横跨欧、亚、非三洲的大帝国。公元前5世纪初,波斯帝国进攻位于小亚细亚的希腊城邦,首个目标为依阿尼亚地区的诸城邦。诸城邦以米利都为首,进行抵抗运动。雅典及埃维厄两城邦出兵援救,但仍然不敌波斯大军。公元前494年,波斯完全征服了依阿尼亚地区。

波斯王大流士一世为了惩罚雅典和埃维厄,决定出兵希腊。他首先运用外交攻势,离间希腊诸城邦的关系。然后于公元前490年,出动陆海军共25000

人,进攻雅典和埃维厄两国。波斯军队血洗埃维厄,所有市民均被贬为奴隶。雅典面对波斯大军压境,曾求助于斯巴达,但斯巴达却拒绝了,雅典无奈之下只有孤军作战。雅典派米提阿德斯组编1万重装步兵,前赴波斯军的登陆地点——马拉松平原与之决战,而雅典则由海军负责防守。波斯军队为雅典军队的两倍,交战初期,雅典军中路被波斯军步步进逼,只得向后退却,而波斯军中路则因而突出了。雅典军两侧精锐立即合围中路波斯军,结果波斯陆军被围歼,完全被击败。而由海路偷袭雅典的波斯海

军,也不能打败雅典海军,波斯军只得撤退。在马拉松大战获胜后,一位名叫斐地庇第斯的士兵跑回雅典报捷,他因为极速跑了36.2千米,所以在报捷后便倒地身亡,这即是马拉松长跑的来源。

公元前480年,接任的波斯王泽克西斯一世亲率陆军30万及战舰1000艘再度进兵希腊。此时希腊各城邦结盟起来,共同抗击波斯。波斯军败,撤回东方。公元前479年,波斯王派大将统率5万大军再度进攻希腊,这次特米斯托克利斯再次使用空城计,移师海面。而斯巴达则统率伯罗奔尼撒半岛联军共3万与波斯陆军于普拉提亚进行决战,击毙了波斯大将,波斯军大败,只得再次撤回东方。该年,以雅典为首的希腊海军反攻波斯,攻进小亚细亚,使小亚细亚诸希腊城邦脱离波斯的统治。公元前478年,波希战争以双方签订《卡里阿斯和约》而告结束,波斯帝国从此承认小亚细亚之希腊城邦的独立地位,并且将其军队撤出爱琴海与黑海地区。

亚历山大东侵

公元前4世纪，希腊各城邦之间的矛盾错综复杂，战乱不已。希腊北部城邦马其顿国王腓力二世乘机运用外交、金钱和军事等手段插手希腊事务。公元前337年，腓力二世在科林斯召开各邦大会，宣布各邦间停止战争，建立以马其顿为盟主的泛希腊同盟，并以"复仇"为借口对波斯宣战。

公元前336年夏，腓力二世遇刺身亡。其子亚历山大三世登上历史舞台。公元前335年秋，亚历山大以马其顿军为主，雇佣兵和各邦盟军为辅，组成一支远征军，并于次年亲率远征军开始东征。

此时的波斯帝国经历了希波战争的失

败,是个没落的军事奴隶制国家,在大流士三世统治下,内政腐败,政局不稳,国势日衰。公元前334年5月,亚历山大远征军在马尔马拉海南岸格拉尼库斯河遭到波斯军阻击。激战中,马其顿军发挥长矛优势大量杀伤敌人。波斯骑兵亡千余人,步兵迅即溃败,2000余人被俘。远征军仅亡百余人。

初战告捷,亚历山大乘胜率远征军沿小亚细亚西海岸南下。公元前333年10月,远征军在西利西亚东部击败大流士三世所率13万大军,打开了通往叙利亚、腓尼基的门户。随后继续南下腓尼基,拔除波斯海军据点,从而确保远征军与希腊之间的交通线。公元前332年初,远征军抵达滨海要塞提尔(今黎巴嫩的苏尔),经过7个月陆海夹攻始破该城,夺取了地中海制海权。11月,亚历山大进军埃及,兵不血刃,占领上下埃及。公元前331年春,亚历山大率军从埃及出发,轻取巴比伦,占领波斯都城苏撒,随后进入伊朗高原,洗劫波斯古都波斯波利斯。公元前330年夏,亚历山大沿里海南岸东进,进入帕提亚(安息)时,大流士三世已被其属下巴克特里亚(大夏)总督拜苏斯所杀。古波斯帝国及阿契美尼德王朝至此灭亡,亚历山大成为波斯统治者。

波斯帝国灭亡后,亚历山大继续领兵东进,公元前327年夏,为富庶的印度河流域所吸引,从中

亚进军印度,与印度人的"象军"作战,结果亚历山大的远征军付出了惨重的代价。此时,军中疫病流行,官兵厌战情绪增长,亚历山大被迫于公元前326年10月决定停止东征并撤军。公元前324年春,亚历山大返抵巴比伦,东征结束。

古代丝绸之路

丝绸之路是古代贯通中西方的商路,1877年由德国地理学家李希霍芬命名。后来,史学家把沟通中西方的商路统称丝绸之路。因其上下跨越历史2000多年,涉及陆路与海路,所以按历史划分为先秦、汉唐、宋元、明清4个时期。按线路有陆上丝绸之路与海上丝绸之路之别。陆上丝绸之路因地理走向不一,又分为北方丝路与南方丝路。海上丝绸之路在中世纪以后输出的瓷器很多,所以又名"瓷器之路"。

丝绸之路的起始时间史学界尚无定论,但至迟公元前5世纪中国丝绸已从陆路传入波斯,再转贩至罗马帝国。公元前4世纪西方古文献中已对蚕丝有了记载,并指明"其丝货有贩至印度者"。

公元前3世纪以前，西方已称中国为"赛里斯"，其拉丁语意为"丝之国"。

海上丝绸之路起于秦汉，兴于隋唐，盛于宋元，明初达到顶峰，明中叶因海禁而衰落。海上丝绸之路的重要起点有番禺（今广州）、登州（今烟台）、扬州、明州（今宁波）、泉州、刘家港等。广州从秦汉直到唐宋一直是中国最大的商港。明清实行海禁，广州又成为中国唯一对外开放的港口。泉州发端于唐，宋元时成为东方第一大港。历代海上丝绸之路，亦可分三大航线：东洋航线由中国沿海港口至朝鲜、日本。南洋航线由中国沿海港口至东南亚诸国。西洋航线由中国沿海港口至南亚、阿拉伯和东非沿海诸国。

罗马帝国的兴起和崩溃

公元前27年罗马元老院授予屋大维"奥古斯都"的尊号，建立元首制。屋大维大权在握成为事实上的皇帝，罗马共和国结束，古罗马进入罗马帝国时代。通常把罗马帝国分为前期帝国时期（公元前27—92年）和后期帝国时期（193—476年）。

屋大维在位期间，对外征战，将帝国版图扩大到多瑙河以北。屋大维的统治为随后的百余年带来了很长一段时期的稳定局面，称之为罗马和平时期。这一时期，罗马社会安定，隶农制的盛行使生产关系得到局部调整，罗马奴隶制经济呈现繁荣景象。农业生产工具和技术都有明显进步，商业活动活跃，对外贸易发达。

从2世纪开始，罗马帝国出现混乱局面，奴隶制生产关系已成为罗马经济发展的桎梏。这一时期，农业萎缩，商业衰落，政局动荡，国内经常爆发奴隶起义。与此同时，统治阶级之间内讧不断，日尔曼人等外族也开始入侵罗马帝国。历史上将此称为罗马帝国"三世纪危机"。181—284年，随着叛乱事件增加，军队的力量不断增强，从而威胁到皇帝的施政。50年内有26位军人篡位，历史将这些篡位者称为"军人皇帝"。自塞维鲁王朝（181—205年）灭亡后，政局混乱，在西方形成了包括高卢、西班牙和不列颠在内的高卢帝国（259—273年），在东方产生了地处叙利亚和美索不达米亚之间的帕尔米拉帝国（262—272年）。

284年，戴克里先取得了帝国政权。他把皇帝的权力以及整个帝国一分为四，分别由两位正帝及两位副帝共同治理，使罗马帝国得到暂时的安定，

称之为多米那特制（也叫四帝共治制）。同时，这也被认为是罗马帝国分裂的渊源。另一方面，对基督教的迫害失败，使他死后再次引来混乱。

306年戴克里先的儿子君士坦丁一世即位，重新统一帝国，废除四帝共治制。虽然同样强力执行专制，但却选择和基督教势力妥协，并于313年公布米兰敕令，承认基督教的合法地位；与此同时，将国都迁往东部拜占庭，并改国都名为君士坦丁堡（今土耳其伊斯坦布尔）。337年，君士坦丁一世死后，争夺帝位的斗争重新开始。他的三个儿子和两个侄子分治帝国。狄奥多西一世（379—395年在位）当政时一度恢复统一。但他死后，帝国又陷于混战，以巴尔干半岛为界分成东西罗马。东罗马拜占庭帝国延续了1000多年，直至1453年被土耳其消灭。西罗马帝国受到大迁徙的日耳曼人的冲击,被撕裂为一个个碎块,苟延残喘了几十年后也就灭亡了。

在诸多罗马文化遗产中,最直观而又引人注目的是罗马的建筑艺术。屋大维时代修建、哈德良时代重建的

万神庙是古代神庙建筑艺术的最高成就之一。1世纪末修建的提图斯凯旋门最为壮丽,是罕见的石刻建筑艺术珍品。

罗马的宏伟建筑及其装饰艺术,对后世建筑艺术影响至深,为全人类作出了贡献。

安息帝国和贵霜帝国

安息帝国兴起于伊朗高原东北部的帕提亚地区,曾先后被亚历山大帝国与塞琉王国统治。公元前247年,安息独立,首领阿尔萨息当了国王,建立了阿尔萨息王朝,中国古籍上

称之为"安息"。安息在政治上实行君主制,王位按父系继承,但没有具体控制,既可传子侄,也可传兄弟。国王继位必须经两个贵族会议(氏族贵族会议和祭司会议)共同选举,权力也受这两个贵族会议限制。

从公元前1世纪中叶起,安息与罗马之间战争不断,但与东方的中国关系密切。公元前2世纪末张骞出使西域时,安息积极配合,东西方形成了一条

重要的国际商道——丝绸之路。226年,安息帝国被新兴的萨珊朝波斯所灭。

贵霜帝国建立于1世纪初,经过几任国王扩张,至迦腻色迦统治时期,已与当时的罗马帝国、安息帝国和东汉帝国并驾齐驱,成为四大帝国之一。

贵霜帝国是丝绸之路的必经之处,与中国、安息、罗马都有着频繁的贸易往来,商品经济十分繁荣。但是,贵霜帝国崇尚武力,造成国内矛盾加剧,迦腻色迦去世后,帝国便开始走向衰落。5世纪时,贵霜的残余势力被白匈奴人消灭。

谁说得对

关于专制帝国兴起和扩张时期的历史,小伙伴们各抒己见,争论激烈。阅读了世界通史的你,快来看看谁说得对,谁说得不对。

公元前206年,汉朝建立。它沿袭秦朝的政治制度,但对人民以休养生息为主,使西汉成为世界著名帝国之一。

波斯从一个小国发展成为古代世界第一个地跨亚、非、欧三大洲的庞大帝国,是因为居鲁士及其子一直奉行扩张政策。

亚历山大是马其顿的国王,他彻底击溃波斯军,使波斯帝国于公元前330年灭亡。后来,他又打败了印度人的"象军"。

贵霜帝国建立于1世纪初,经过几任国王扩张,已与当时的罗马帝国、安息帝国和东汉帝国并驾齐驱,成为四大帝国之一。

亚欧民族大迁徙

亚欧民族大迁徙的直接原因是匈奴西迁。匈奴是个强盛好战的游牧民族，兴起于中国漠北。秦汉时期，匈奴在与中原地区作战时连连失利，不得不"远遁"。91年，北匈奴的一部分被迫离开漠北向西迁移。匈奴人的西迁跋涉6000公里，历经280年，不仅席卷了整个中亚，而且深入欧洲腹地。在匈奴西迁的推动下，亚欧大陆众多游牧民族也被卷入了民族大迁徙的浪潮中。

在亚洲,自称"匈奴"的流哒人在4世纪至6世纪开始南迁,大举攻入中亚、南亚,建起一个庞大的流哒人国家,成为贵霜帝国的继承者。到6世纪中叶,这一庞大的国家被消灭,大部分国土被突厥人占领。

在欧洲,斯拉夫和日耳曼等游牧民族也受匈奴人的挤压,开始了民族大迁徙。5世纪至6世纪,斯拉夫人离开故乡普里皮亚特沼泽地,开始南迁,越过多瑙河,进入罗马境内。安特人(东斯拉夫人)在第聂伯河流域建起基辅罗斯,成为俄罗斯、白俄罗斯、乌克兰等民族的祖先;维涅德人(西斯拉夫人)北迁到维斯瓦河流域,成为西斯拉夫人、波兰人、

捷克人、斯洛伐克人的祖先；斯克拉文人（南斯拉夫人）南迁进入东罗马境内，成为南斯拉夫人和保加利亚人的祖先。至此，斯拉夫民族成为东欧的主体民族，经过与当地居民长期的融合，形成现在的东欧各个民族国家。

匈奴人在4世纪末叶渡过顿河，闯入日耳曼人的区域。他们先后击败东、西哥特人，一路西进，所向披靡，将日耳曼各部赶入罗马帝国境内。这样，西欧形势大变，日耳曼人成为西欧的重要民族，他们与当地的克尔特人、罗马人相融合后，形成了如今的西欧各个国家。

西罗马的分崩离析

在公元前的几个世纪中,日耳曼人一直生活在欧洲的北部,罗马人称其为"蛮族"。375年,匈奴向黑海沿岸的东哥特人发动进攻,促成了日耳曼诸部落向西方的大迁徙。日耳曼人潮水般地向罗马帝国境内涌来,开始了用武力征服罗马的过程。

378年,西哥特人于亚得里亚堡大败罗马军队,并将率兵亲征的罗马皇帝瓦伦斯杀死。之后,西哥特人于希腊定居,转而进攻意大利。410年,西哥特人将罗马城攻陷,整个欧洲为之震惊。476年,西罗马帝国灭亡。

西罗马帝国灭亡后,日耳曼人在罗马的废墟上建起了一系列的封建国家,掀开了西欧历史的新篇章。这些国家主要有西哥特人在高卢西南部和西班

牙北部建立的西哥特王国,汪达尔人在北非建立的汪达尔王国,勃艮第人

在高卢东南部建立的勃艮第王国,法兰克人在高卢北部建立的法兰克王国(486年),东哥特人在意大利和西西里岛建立的东哥特王国,伦巴德人在意大利中部和北部建立的伦巴德王国。不过,这些国家存在的时间并不长。6世纪中叶,东罗马帝国先后将汪达尔和东哥特灭亡;6世纪中叶和8世纪晚期,勃艮第和伦巴德被法兰克王国灭亡;8世纪初期,阿拉伯帝国将西哥特王国征服。其中,惟有法兰克王国存在的时间最长,影响亦最大。

查理大帝加冕

查理大帝即查理曼,法兰克王国加洛林王朝建立者丕平之子,768年继位。

7—8世纪,法兰克人在一连串有力的国王和军阀的统治之下,统一了今天法国地区的王国。750年左右,由于罗马和教皇受到伦巴底人的攻击,法兰克人出兵意大利。774年,查理曼横过阿尔卑斯山回到意大利,再一次拯救教皇,也因此成为法兰克人和伦巴底人的国王以及罗马的合法统治者。查理曼继续征战,他控制了法国南部和西班牙的北部,然后转移到日耳曼的西部,并驱逐匈牙利的马札儿人。查理曼推行扩张政策,其强大的势力引起了

罗马教皇的注意,教皇希望加强和查理曼的关系,以便和他共同控制整个西欧。

795年,教皇立奥三世以阴谋手段登上教皇宝座,遭到罗马一些大贵族的反对。立奥派使者赴法兰克王国向查理曼求救,并把彼得大殿的钥匙和罗马城的旗帜呈献给他,得到查理曼的支持,从而保住了地位。

799年4月,立奥三世又被罗马贵族废黜,只身逃离罗马。800年,查理曼把立奥三世救出,并亲自送回罗马,扶其复位。因此这一年圣诞节,感恩图报的立奥三世为查理曼加冕,授予他"伟大的罗马人皇帝"称号。自此,法兰克王国遂成为查理曼帝国。这意味着查理曼已不再单纯是征服者日耳曼蛮族国家的国王,甚至东罗马帝国也承认查理曼的皇帝地位。

世俗政权与教会的结合是查理曼政权的重要特

征。加强与教会的结盟,是查理曼成功的重要原因之一。9世纪时,查理曼帝国的版图东起易北河,西至大西洋沿岸,北濒北海,南临地中海,占有西欧大陆的绝大部分土地。但是,由于当时自然经济占主导地位,帝国内部缺乏经济文化联系,基础很不牢固。查理曼死后不久,帝国分裂。843年,查理曼的三个孙子瓜分了帝国,并在此基础上形成德意志、法兰西和意大利三个国家的雏形。

诺曼征服

公元前5世纪,英国被称为"不列颠"。公元前1世纪,不列颠被罗马征服,沦为罗马帝国的一个行省。之后,又遭到日耳曼人的大举入侵。到公元5世纪,不列颠被称为"英吉利"或"英格兰",彼时日耳曼人的迁徙浪潮波及英国,英国政局一直动荡不安,先后有七国并立。8世纪以后,居住在斯堪的纳维亚半岛和波罗的海地区的丹麦人开始向外大举扩张。787年,丹麦人首次入侵英国,800年前后入侵法国,随后又入侵爱尔兰。1013年,丹麦

占有整个英国。后丹麦王国逐渐消亡。1042年，爱德华即位为英格兰王国，英国再度独立。1066年，爱德华去世，英格兰最大的贵族哈罗德为英格兰国王。但爱德华的表兄弟、法国诺曼底公爵威廉决定同哈罗德争夺英格兰王位。

1066年9月末，威廉召集诺曼底、布列塔尼、皮卡迪等地封建主进行策划，率兵入侵英国，英王哈罗德迎战，双方会战于黑斯廷斯。英军战败，哈罗德阵亡，伦敦城不战而降。12月25日，威廉在伦敦威斯敏斯特教堂加冕为英国国王，即威廉一世。诺曼王朝（1066—1154年）开始了对英国的统治。残存的英国贵族顽强抵抗，均遭残酷镇压。1071年，威廉一世巩固其统治，获得"征服者"的称号。

诺曼征服加速英国封建化的进程。威廉一世建立起强大的王权统治，没收反抗的盎格鲁萨克逊贵族的土地，分封给随他而来的法国封建主。受封者要按照土地面积的大小，提供一定数目的骑兵，并亲自率领他们为国王作战。大封建主又把自己土地的一部分再分封给下级,也要求他们提供骑兵。通过这种土地分封建立起封建土地的等级所有制。威廉一世还极力摆脱教皇对英国教会的干涉,把英国教会控制在自己手中。威廉一世主要依靠法国贵族进行统治,但在统治机构、法律上仍沿用英王旧制。诺曼征服后,在英国出现了封建庄园,封建领主是庄园的最高统治者,大部分农民丧失人身自由,沦为农奴。威廉将法国文化、经济政策等带到了英国,促进了英国经济、文化的发展。英国由一个较松散的国家,成为一个统一的中央集权国家。

1066年前,英国总是受到外族入侵,但诺曼征服后,英国非但不再受到他国的入侵,反而开始走上海外扩张的道路。英国政府成为当时欧洲最强大、最有实力的政府之一。

德国封建国家的诞生

凡尔登三分疆土后，路易统治东法兰克国家。911年，路易去世，法兰克公爵康拉德继承了王位。从此，早期德国封建国家诞生。

919年，康拉德被迫推举当时德国势力最为强大的萨克森公爵亨利为王，即亨利一世。德国历史从此跨进了萨克森王朝（919—1024年）。亨利一世执政后，通过兼并士瓦本、吞并洛林和巴伐利亚，将自己的统治进一步巩固。亨利死后，其子奥托一世继位，不但将五大公国牢牢控制，而且还发动了征服意大利的战争，取得了"伦巴德"国王的称号。926年，奥托一世亲率大军将伦巴德王国征服。927年，教皇在罗马的圣彼得大教堂为奥托一世加冕，称其为"罗马人的皇帝"。

奥托一世成为罗马帝国合法的王位继承人。此时，萨克森王朝各王依靠武力建立起一个庞大的帝国，但各部落公国依然独立，各自为政，仍是在帝国名义下的独立国家。奥托一世为了控制各公国,便用扶植各公国境内依附于王权教会封建主的方法来削弱地方割据力量,从而加速了封建化的过程。至11世纪时,德国的封建制度得以确立。

英法百年战争

1066年,诺曼底人在征服者威廉的统帅下成功地入侵英格兰,英国在此后的150年内宫廷里全是说法语的盎格鲁—诺曼贵族。他们同时统治着英格兰和诺曼底。1216年,盎格鲁—诺曼统治者失去了对诺曼底的控制,但直到百年战争开始的时候,他们仍然控制着法国英吉利海峡沿岸的一些地区。

14世纪时,法国人试图把英国人由法国西南部赶走,从而统一法国。当时英法两国因为贸易利益

的关系,对佛兰德斯进行争夺,使它们之间的冲突加深,从而引发战争。英军当时是雇佣兵制,由步兵、弓箭兵和雇佣骑兵组成,统一由国王亲自指挥,而法军则主要由封建骑士组成。百年战争依局势的转变,大致可分为四个阶段。

在战争的第四阶段(1429—1453年),法国人民因为不堪英军的压迫,纷纷组织游击战,这给予了法军很大的帮助。1428年10月,英军与勃艮地派进逼至奥尔良,并包围了此城,形势于法军大为不利。但此时,法国出现了传奇人物——圣女贞德。她指挥法军于1429年5月解除了英国对奥尔良的包围,从而扭转了整个战争的形势。1453年10月19日,英军投降,法国收复了除加莱外的全部领土,百年战争至此完全结束。

拜占庭帝国的兴衰

395年，罗马帝国一分为二，东罗马拜占廷帝国以君士坦丁堡为首都，前后维持了千年之久。拜占廷帝国建国时，版图包括欧洲的巴尔干半岛、小亚细亚、美索不达米亚西部、叙利亚、巴勒斯坦、埃及、利比亚以及地中海各个岛屿，地垮欧、亚、非三大洲。拜占廷地处东西方交通要道，经济较为发达，逐步走向封建社会。

拜占廷封建化的背景是频繁的对外战争。查士丁尼当政时期，拜占廷疯狂向西扩张，533年，帝国的铁蹄踏进汪达尔王国。535年，又移兵意大利，向东哥特王国进攻，受到顽强抵抗。艰难作战20年，拜占庭终将东哥特王国消灭，但自己也损失惨重。与东哥特王国的战事还没有结束，拜占廷大军又踏上远征西班牙的西哥特王国的征程，并将西班牙东南部以及科西嘉岛、撒丁岛和巴利阿里鲜岛占领。

查士丁尼在对外扩张的同时，还修造了许多大

型建筑,其中君士坦丁堡的圣·索菲亚大教堂最为著名,成为东正教的宗教中心。查士丁尼所有的辉煌战绩都以国库耗尽、劳民伤财为代价。查士丁尼死后,不仅他的扩张事业难以为继,就是现有的局面也难以维持。公元568年,拜占廷军队被赶到意大利南部。

12世纪末,塞尔柱突厥人入侵,拜占廷无力抵抗,向罗马教皇发出求援信,拜占廷因此元气大伤。此后,拜占廷帝国仅剩弹丸之地。1453年,奥斯曼土耳其最终将君士坦丁堡攻陷,拜占廷帝国灭亡。

亚洲早期的封建国家

581年,隋文帝杨坚建立隋朝,结束了中国持续270余年的分裂局面。隋朝建立后,在中央实行三省六部制,地方为州、县两级制,官吏由中央任免,同时实行科举制,呈现一片繁荣景象。

隋朝存在的时间仅有30余年,于618年被唐王朝取代。唐朝经过"贞观之治"和"开元盛世"的繁荣昌盛后,因天宝年间发生的、持续八年的"安史之乱"而由盛转衰。

907年,唐王朝土崩瓦解,中国历史进入分裂割据的五代十国时期。960年,宋朝建立,史称北宋,迁都后被称为南宋。宋朝是中国封建社会承前启后的重要时期。

676年,地处朝鲜半岛东南的新罗在唐朝帮助下结束三国时代,统一了朝鲜半岛,开始走上一条与中国封建社会类似的道路。新罗后期,朝鲜又陷入分裂割据局面。918年,高丽王朝建立,朝鲜再次统一。1392年,高丽大将李成桂建立李朝。16世纪末,日本进犯朝鲜,中朝军民联手击败日本,但朝鲜国力也因此变得衰弱。

日本在其封建化过程中,开始于645年的"大化革新"是最重要的步骤。"大化革新"后,日本经历了军事封建贵族专政时期(镰仓幕府,1192—1868年)、地方大封建主联合统治时期(室町幕府,1336—1576年)、大封建主混战时期(战国时代,1467—1573年)和江户幕府时期(亦称德川幕府,1603—1868年)后,封建社会模式才算正式形成。

封建帝国的征服历程

8—15世纪，阿拉伯帝国、蒙古帝国、塞尔柱土耳其帝国、奥斯曼帝国和俄罗斯帝国在亚、欧、非三大洲的地域上更替迭起。它们在对外扩张的征服和统治中，改变了亚、非、欧洲部分地区的政治格局和民族构成，对世界历史的格局产生了重要影响。

穆罕默德死后，阿拉伯国家的历史跨入四大哈里发时期。此时的阿拉伯国家只是一个宗教社团性的民族国家，直至倭马亚家族的穆阿维叶发动军事政变，才将阿拉伯推向了帝国模式的发展轨道。

阿拉伯帝国经历了倭马亚王朝和阿拔斯王朝两个时期。7世纪末，倭马亚王朝以"圣战"之名开始大规模扩张，疆域很快达到全盛，其版图横跨欧、亚、非三大洲，是当时世界上疆域最大的帝国。

阿拔斯王朝统治阿拉伯帝国500余年，虽没有继续扩张疆域，但从政治、经济等方面推动了帝国的繁荣和昌盛。1055年，塞尔柱人将巴格达占领，哈里发仅作为伊斯兰教主存在。1258年，蒙古军将哈里发杀死，阿拉伯帝国完全灭亡。

蒙古是中国北方一个后起的少数民族。1207年，成吉思汗征服各部，建立了统一的蒙古国家。成吉思汗及其后继者窝阔台、蒙哥等人一直征战不断，使蒙古帝国成为世界历史上空前绝后的最大帝国。但是，这个庞大帝国很快便趋于衰落，分崩离析。元朝后被明朝推翻，蒙古人重新退回蒙古草原。

蒙古西征军马踏俄罗斯城堡，建立钦察汗国。15世纪末叶前后，莫斯科大公伊凡二世执政期间，莫斯科进入了空前的繁荣时期，于1480年夏推翻了钦察汗国的统治,俄罗斯统一的国家逐渐形成。至16世纪初期,中央集权的君主专制制度在莫斯科最终建立起来。1547年1月,大公伊凡四世正式加冕为沙皇。通过沙皇时代的疯狂扩张,俄罗斯的疆域进一步扩张,成为一个地域空前辽阔的大帝国。

塞尔柱土耳其帝国在马立克统治时期(1072—1092年)达到强盛。1091年,帝国迁都巴格达,取代了阿拉伯帝国,成为东部伊斯兰教世界的中心。1092年,马立克去世,塞尔柱土耳其帝国开始衰落,不久分裂成罗姆苏丹国、大马士等小国。小国间互相混战,终于导致了帝国的彻底灭亡。

古尔突厥人也是突厥势力对外扩张的一部分。1206年,突厥籍奴隶出身的总督库特卜·乌丁·艾巴克自立为苏丹(1206—1210年在位),以德里为中心,开始了印度历史上的德里苏丹国统治时期。德里苏丹国共存在了320年,历经五个王朝,灭亡后,北印度再次分裂。

1300年,奥斯曼自称苏丹,宣布奥斯曼土耳其人独立并建国。奥斯曼死后,其子乌尔汗即位,开始了对外扩张。穆罕默德二世(1451—1481年)时,奥斯曼土耳其帝国从水、陆两路进攻君士坦丁堡。将拜占廷彻底消灭之后,穆罕默德二世将君士坦丁堡改名为伊斯坦布尔,作为帝国的首都。从此,奥斯曼帝国进入了更为强盛的兴旺时期。

非洲与美洲的文明之路

15世纪末叶以前,在中南非洲地区,文明古国众多,有苏丹、埃塞俄比亚、加纳、马里、刚果和津巴布韦等。

玛雅文化兴起于中莫卡坦半岛、危地马拉、洪都拉斯一带,4至9世纪达到鼎盛。公元前后,玛雅人兴建了许多大大小小的城邦,每个城邦就是一个居民点,以金字塔形庙坛建筑为中心,四周围绕若干居

民。至9世纪末，仅有文字记载的城邦就多达110多个。玛雅人在天文、数学、建筑以及文化艺术方面的成就也非常杰出。他们创造的太阳历，得出的天数与现在的数据相差甚微。他们还为后人留下了众多的宏伟建筑，令人叹为观止。

9世纪末至10世纪初，托尔特克文化兴起。在阿兹特克人的都城特诺奇蒂特兰城（今墨西哥城）内，大大小小的金字塔坛庙横空矗立，气势甚为壮观。阿兹特克人能用珍贵的鸟羽和贝壳编织镶嵌成各种精美的饰品，其工艺之精巧世界闻名。

1438—1533年，印加逐步发展成统一而强大的奴隶制帝国，疆域辽阔。印加最显著的成就是建筑作品。首都库斯科的殿堂、庙宇全都用巨石砌成，巨石间间隙严密。"太阳神庙"宏伟高大，金碧辉煌，庙内大殿正面墙壁上是用黄金绘制的太阳神像，当初升的太阳照在人像上面时，会放出万道金光。

1531年，西班牙殖民者入侵印加帝国。1532年，印加帝国灭亡。

谁说得对

关于早期封建国家形成和发展的历史,小伙伴们各抒己见,争论激烈。阅读了世界通史的你,快来看看谁说得对,谁说得不对。

罗马帝国分为东西罗马后,西罗马帝国很快走向灭亡,新的欧洲国家,如早期的法国、德国、英国等,在其废墟上建起。

1453年,奥斯曼土耳其将君士坦丁堡攻陷,拜占廷帝国灭亡。奥斯曼土耳其将君士坦丁堡改名为伊斯坦布尔。

927年,教皇在罗马的圣彼得大教堂为奥托一世加冕,称其为"罗马人的皇帝"。奥托一世是早期法国的封建君王。

日耳曼人是西欧的民族,他们与当地的克尔特人、罗马人相融合后,形成了如今的西欧各个国家。

文艺复兴

文艺复兴是一场资产阶级的文化运动，兴起于14世纪初。15世纪末至16世纪初，文艺复兴在意大利进入全盛时期，一直持续到17世纪初。

在意大利，文艺复兴早期有"文学三杰"——但丁、彼特拉克、薄伽丘和"艺术三杰"——达·芬奇、米开朗基罗、拉斐尔。六杰都出生于意大利的佛罗伦萨。他们的代表作《神曲》（但丁）、《最后的晚餐》（达·芬奇）、《大卫》（米开朗基罗）等都是艺术杰作。

15世纪后期至17世纪初，在德、英、法、西和尼德兰诸国也涌现出一批人文主义作

家、政治思想家、科学家、哲学家,其中著名的有伊拉斯谟、拉伯雷、莎士比亚、塞万提斯、博丹等,他们在各自的领域内推动了文艺复兴的蓬勃发展。文艺复兴运动的兴起是资本主义时代到来的先兆,也是资本主义发展的基础,而16世纪在德国爆发,随后席卷西欧的宗教改革,则是一次规模更大、影响更为深远的新兴资产阶级反封建斗争。

新航路的开辟

15世纪，随着欧洲各国商品经济的发展和资本主义生产关系开始萌芽，资本主义生产关系对于掠夺财富和加速资本原始积累的要求日益迫切。另外，《马可·波罗游记》在欧洲广泛流行，使得欧洲人认定只有到中国等东方国家才可以实现他们的黄金梦，于是到东方去寻金成为一股社会热潮。

15世纪下半叶，野心勃勃的葡萄牙国王若奥二世先后几次派遣船队考察和探索一条通向印度的航道。1486年，他派遣以著名航海家巴特罗·缪·迪亚士为首的探险队沿着非洲西海岸航行，决心找寻出一条通往东方的航路。此次航行虽未能达到印度，但欧洲人却发现了非洲最南端的好望角。1492年，哥伦布在西班牙国王的支持下，先后4次出海远航，开辟了横渡大西洋到美洲的航路。他们先后到达巴哈马群岛、古巴、海地、多米尼加、特立尼达等岛，在帕里亚湾南岸首次登上美洲大陆。哥伦布误认为到达的

新大陆是印度,并称当地人为印第安人。

面对西班牙将称霸于海上的挑战,葡萄牙王室决心加快探索通往印度的海上活动。1497年7月8日,瓦斯科·达·伽马奉葡萄牙国王曼努埃尔之命,由首都里斯本启航,开始循着10年前迪亚士发现好望角的航路,迂回曲折地驶向东方,并于1498年5月20日到达印度南部大商港卡利卡特。1502年2月,达·伽马再度率领船队进行印度探险。达·伽马的两次印度之行,带回了丰富的东方珍品,如香料、丝绸、宝石等。

1519年9月，在西班牙国王的支持下，麦哲伦率领一支由200多人、5艘船只组成的船队，从西班牙塞维利亚城的港口出发，开始了环球远洋探航。船队经过两个多月的海洋飘泊，越过大西洋来到巴西海岸。船队在南纬52度处发现了一个海峡，在这个海峡迂回航行1个月后，终于走出海峡西口，见到了浩瀚的大海。为了纪念麦哲伦的这次探航，后人把这条海峡命名为"麦哲伦海峡"。船队继续在这片大洋中航行了3个多月，海面一直都风平浪静。因此，他们把大洋取名为"太平洋"。1521年3月初，航队来到富饶的马里亚那群岛，后到达菲律宾群岛，在一次与当地部族的冲突中，麦哲伦被杀害。最后，麦哲伦的助手带领仅存的两条船，载满香料越过马六甲海峡，经印度洋，过好望角，于1522年9月回到了西班牙。麦哲伦和他的船员们，花了整整3年的时间，终于完成了人类第一次环球一周的航行，证明了地球的确是球形的。

欧洲战争与亚洲帝国衰落

1618—1648年的三十年战争以德国为主战场爆发,西欧和北欧的一些主要大国纷纷卷入,从而使这场由宗教纷争引起的战争演变为一次大规模的国际战争。

1618年,捷克人民起义,宣告独立,并选举"新教同盟"的首领巴拉丁选侯腓特烈为国王,拉开了三十年战争的序幕。巴拉丁和捷克组成联军与旧教诸侯和西班牙的联军作战,于1620年11月8日在"日山战役"中被击溃。捷克重新失陷,成为奥地利的波希米亚省。同时,巴拉丁也被西班牙占领。

1625年,在法国的怂恿下,丹麦和英国、荷兰结成同盟,出兵德国。德国的内战开始演变为国际战争。在"天主教同盟"

的支持下,德皇很快击败了丹麦军队。瑞典转而又发动了对德国的战争。德皇和西班牙联合,于1634年9月在诺德林击败瑞典军队。1635年5月,法国参战,组成法瑞联盟,后来,荷兰、威尼斯、匈牙利等国也相继加入联盟,与以德皇为主的西班牙、意大利联盟在西属尼德兰展开激战。德皇被迫求和,于1648年与法、瑞两国缔结了《威斯特发里亚和约》。法、瑞两国获得了德国大片领土,并将德国政治分裂的局面固定下来;承认德国诸侯国完全独立。至此,三十年战争结束。

三十年战争的爆发和结束,直接导致威斯特发里亚体系的建立,奠定了近代欧洲的国际格局。

当西欧发生一次又一次深刻的社会变革时，亚洲各国依然固守着封建专制制度，导致诸国由盛变衰。16世纪先后崛起于西亚和南亚的奥斯曼土耳其帝国、萨非王朝和莫卧儿帝国盛极一时，但终因封建制度的腐朽以及与新的世界经济的隔断而开始走向衰落。在东亚，统治着中国的明王朝已经开始由盛转衰，但统治者仍然陶醉于昔日的辉煌，对世界新格局茫然无知。日本则还处在政治统一和封建制度重建时期。可以这么说，亚洲各国是被动地卷入了世界整体化的历史进程中的。

非洲奴隶贸易

15世纪中叶开始，非洲不断遭到欧洲殖民者的掠夺，奴隶买卖只是一项附带的贸易活动。15世纪末，哥伦布发现美洲后，奴隶贸易急剧发展起来，欧洲殖民者在非洲大陆上进行了有组织的大规模贩卖黑人活动，给非洲人民带来了深重的苦难。

在大西洋两岸间进行的奴隶贸易，大体上经过了三个发展阶段。第一阶段：自15世纪中叶到17世纪中叶。这一阶段的贸易主要被葡萄牙、西班牙和荷兰等国垄断。他们公开鼓励从非洲输入奴隶。

第二阶段：17世纪中叶至18世纪下半叶，是大西洋奴隶贸易的高潮时期。

第三个阶段：18世纪末，欧洲废奴运动蓬勃兴起。19世纪下半叶，奴隶贸易基本被刹住了，但并没有最后绝迹，零星的贩卖活动一直延续到19世纪末，甚至20世纪初。

"五月花号"抵达美洲

"五月花号"是英国移民驶往北美的第一艘船,以运载一批分离派清教徒到北美建立普利茅斯殖民地和在该船上制定《"五月花号"公约》闻名。

分离派是英国清教中的一派,其中一部分决定迁居北美。1620年9月23日,在牧师布莱斯特率领下乘"五月花号"前往北美。他们于11月21日在普利茅斯上岸。在登陆前,分离派领袖在船舱内主持制定一个共同遵守的《"五月花号"公约》,有41名自由的成年男子在上面签字。其内容为组织公民团体,拟定公正的法律、法令、规章和条例。

这批移民就这样定居下来,普利茅斯也成为北

美主要殖民地之一。"五月花号"抵达美洲后,制定的《"五月花号"公约》,成为后来美国乃至北美大陆政治的基石。

此后,更多的英国清教徒、贫苦农民和工匠移民到北美。而且爱尔兰、德国、法国等国家也纷纷有人移民到北美,其中以英国移民为主。在1607年到1733年之间,英国殖民主义者共在北美洲东海岸建立了13个殖民地,包括最早的马萨诸塞以及后来的纽约、新泽西等。殖民者把西欧的资本主义经济和民主政治等也一同移植到了北美。

英国资产阶级革命

英国通过16世纪的海外掠夺和农村的"圈地运动",积累了资本,新兴资产阶级出现。1603年,斯图亚特王朝开始统治英国。斯图亚特王朝历经了詹姆士一世和查理一世的统治,两位国王都实行专制统治,这严重阻碍了英国资本主义经济的发展,触犯了资产阶级的利益。

英国资产阶级革命爆发的导火线是1638年的苏格兰起义。1637年,苏格兰人为了保护本国的独立性和保持自己的信仰,举行起义,一度占领英格兰北部的一些地区。为了筹措军费讨伐苏格兰人,1640年11月,查理一世被迫召开议会,企图以合法的形式筹集经费。议会不但拒绝通过征税法案,而且要求限制王权。国会在与国王的较量中,取得节节胜利,不甘失败的查理一世于1642年8月向国会宣战。9月28日,内战爆发。

1646年7月,内战终以国会的胜利而结束,查理一世被以叛国罪于1649年1月在伦敦被处死。内战结束后,英国宣布为共和国,开始了克伦威尔的统治时期。克伦威尔死后,英国政局混乱,为了维护和巩固统治秩序,资产阶级和新贵族对恢复君主制的势力采取了妥协和赞同的态度,斯图亚特王朝复辟。

1660年,查理一世的儿子返回伦敦,登上王位,称查理二世。查理二世复辟不久就实行反攻倒算的政策,使革命中所取得的成果逐渐被否定甚至丧失。

1685年,查理二世去世,詹姆士二世即位,仍倾向于实行专制独裁统治。在这种情况下,1688年,由辉格党和托利党的7位名人出面邀请詹姆士二世的女儿玛丽和女婿威廉夫妇来英国,保护英国的宗教、自由和财产。12月威廉兵不血刃进入伦敦,史称"光荣革命"。1689年1月在伦敦召开的议会全体会议上,宣布詹姆士二世退位,由威廉和玛丽共同统治英国,称威廉三世和玛丽二世,同时议会向威廉提出一个宣言,宣言限制了国王的权利,规定不经议会同意不能征收赋税等,威廉接受了宣言中提出的要求。宣言于当年10月正式批准定为法律,即《权利法案》。政变之后,英国逐渐建立起君主立宪制。

美国独立战争

英国之所以能成为当时的世界头号强国,并不应完全归功于资产阶级革命,还有赖于很早就进行的殖民扩张。17世纪初到18世纪中叶,英国在北美大西洋沿岸先后建立起13个殖民地,并对其进行疯狂的剥削和压迫。北美人民忍无可忍,1755年4月18日,莱克星顿的民兵打响了独立战争的第一枪,揭开了北美独立战争的序幕。

1776年7月4日,《独立宣言》发表,大大鼓舞了北美人民的革命斗志,各地人民斗志昂扬地奔赴战场,英勇战斗。1776年12月25日,大陆军总司令乔治·华盛顿率军奇袭特伦顿,大胜。1777年,大陆军取得萨拉托加大捷,掌握了战争主动权。

1778年2月6日,法国承认美国独立,并在军事上援助美国对英作战。之后,西班牙、荷兰、俄国、丹麦、瑞典和奥地利等国也加入反英战争,英国完全陷于孤立。1781年10月,最后一支英军在约克镇投降,北美独立战争胜利结束。

1787年9月,美国制定出《联邦宪法》,确立了美国三权分立的联邦共和制,即将国家职权分别授予立法、司法和行政三个部门;规定了总统和议员由人民选举产生,文管政府控制军权等原则。美国创立的这套联邦共和制度在一定程度上保障了资产阶级民主。

工业革命

工业革命首先开始于英国，然后又发展到欧亚其他地区，从而引起广泛而深刻的社会变革，对人类社会产生了极其深远的影响。工业革命首先是一场规模空前的技术革命，使社会生产力有了惊人的发展。英国工业革命是从棉纺织工业开始的。1733年，兰开夏的钟表匠凯伊发明了飞梭，大大提高了工作效率，从而使织布的速度提高了8倍。1765年，织工哈格里夫斯发明了珍妮机。1768年，水力纺纱机出现。1785年，第一台动力织布机出现，一台织布机可以织造相当于40个手织工人织的布。织布和纺纱的机械化，促进了与之配套的净棉机、漂白机等的相继发明，从而加速了蒸汽机的研制。

1782年，詹姆士·瓦特造出双向蒸汽机，可以使之旋转工作。后因其适用广，被称为"万能蒸汽机"。瓦特的蒸汽机解决了大工业发展所需要的动力问题，是工业革命进程中最关键的突破，它的出现是英国工业革命发展到鼎盛的标志。之后,英国又先后发明各种机器,促进了工业的机械化,工业革命基本完成。英国工业革命开始于18世纪60年代,完成于19世纪三四十年代,历时七八十年。在英国的带动下,法、美、德等国也在18世纪末到19世纪上半期先后开始了工业革命。

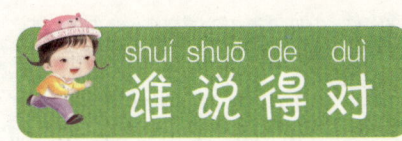

谁说得对

关于西欧资产阶级革命的历史，小伙伴们各抒己见，争论激烈。熟读世界通史的你，快来看看谁说得对，谁说得不对。

16世纪在意大利进入全盛时期的文艺复兴运动，是资本主义时代到来的先兆，也是资本主义发展的基础。

英国之所以能成为世界头号强国，并不完全归功于资产阶级革命，还有赖于很早就进行的殖民扩张。

蒸汽机的出现是英国工业革命发展到鼎盛的标志。其发明制造者是詹姆士·瓦特。

《独立宣言》于1776年7月4日发表，这一天也是美国的"国庆日"。

拿破仑帝国的兴亡

1799年,拿破仑·波拿巴(1769—1821年)发动"雾月政变",夺取了法国政权。1804年12月,拿破仑在巴黎圣母院举行加冕礼,正式即皇帝位,号称"拿破仑一世"。法国历史由此进入了拿破仑帝国时代。

拿破仑的政权,是与对外战争始终相联系的。1800—1809年,拿破仑军队在欧洲所向披靡,一次次将以英、俄、普、奥为首的反法同盟击败。至1809年,拿破仑占领的欧洲大陆领土已相当于法国本国面积的3倍,统治的外国人口达到7500万。拿破仑帝国达到鼎盛。

1812年6月24日,拿破仑发动侵俄战争,一度占领俄国多座城市,包括莫斯科。由于俄军采取诱敌深入、坚壁清野的战略,切断了法军的补给线,加上恶劣的天气,拿破仑军队惨败。这次战争的失败,使帝国开始由盛转衰。

1813年,英、俄、普等国组成第六次反法同盟,兵力达到100万以上,与拿破仑军队在莱比锡展开了一场激烈的战争,结果拿破仑失败,被囚禁在地中海上的厄尔巴岛。1815年,拿破仑逃出厄尔巴岛,纠集旧部发动"百日政变"。但是,拿破仑在滑铁卢战役中又一次被反法同盟击败。

拿破仑被俘后,被流放于南大西洋的圣赫勒拿岛,直至死去。

维也纳体系的形成

拿破仑帝国覆灭后,各战胜国从1814年10月到1815年6月在维也纳召开了一次大规模的国际会议,各国互相联盟、扩张势力,最终形成了维也纳体系。

维也纳会议实际上是一次恢复封建统治秩序、瓜分拿破仑帝国遗产的"分赃"会议。俄、英、普、奥四大战胜国操纵了整个会议。在几个大国中,沙皇俄国的野心最大,一心想建立俄国在欧洲的霸权;奥国则力图维持在德意志地区的优势;英国则希望维

护并巩固英的海上霸权和建立欧洲均势;普鲁士也要求扩充领土,以便同奥争夺对德意志的领导权。因此,斗争十分激烈,争执的焦点是波兰和萨克森问题。俄企图独占波兰,实行抑奥扶普的政策,建议把萨克森让给普,从而将普拉拢过来。奥反对俄和普,便和英法结成同盟。双方争斗激烈,几乎要兵戈相见。由于拿破仑重返法国,各国又暂时妥协,组成新的反法同盟,于1815年6月9日通过了《最后议定书》。它的主要内容:法国、西班牙、那不勒斯全部复辟波旁王朝;奥地利统治加里西亚,荷兰吞并奥属尼德兰(比利时),奥地利获得意大利北部作为补偿;德意志和意大利在政治上仍处于分裂状态;瑞士成为永久中立国。

　　维也纳会议结束后,一个以五大国均势为基础,以君主制为核心,试图维护欧洲秩序和欧洲统治地位的维也纳政治体系最终形成。

拉丁美洲的独立运动

1791年8月,在加勒比海地区的海地爆发了革命,从此拉开了拉丁美洲(即南美洲)独立运动的序幕。海地起义军将法国、西班牙和英国侵略军击败,于1804年1月1日正式宣布独立。

海地的独立大大鼓舞了拉丁美洲人民的革命信心和斗志,推动了拉丁美洲民族解放运动的发展。

西属拉丁美洲殖民地的独立运动大致分为两个阶段。

各地普遍发动起义时期为第一阶段（1810—1815年）；独立运动掀起高潮时期为第二阶段（1816—1826年），南美北部地区独立运动的领袖西蒙·玻利瓦尔和南部地区独立运动的领袖何塞·圣马丁是这一时期的杰出人物。1822年12月，巴西在种植园主和大地主的支持下宣告独立。

至此，拉丁美洲绝大部分地区摆脱了西班牙和葡萄牙的殖民统治，建立起17个独立国家。现代拉丁美洲国家的政治格局基本奠定。

美国出于自己利益的需要，于1823年发表了以美洲体系原则为核心的门罗宣言，申明了美国不允许欧洲国家干预美洲事务的态度和立场。1826年6月，拉美国家在巴拿马召开泛美会议，建立起美国领导下的泛美体制。从此，以美国为主导、以共和制为核心、以地缘政治为纽带的美洲体系形成，开始与欧洲维也纳体系分庭抗礼。

美国南北战争

美国独立后,北方建立起资本主义制度,南方则依然推行奴隶制度,到了19世纪四五十年代,南北两种制度的矛盾日益激化。1859年夏,南方爆发了约翰·布朗领导的反奴隶制起义。

1860年,反对奴隶制的共和党领袖林肯当选为美国第16任总统,两种制度的斗争由争夺西部土地问题上升为政权问题,已经无法以和平方式解决了。1861年2月4日,南方7个蓄奴州宣布脱离联邦,成立"南方各州同盟",向北方悍然发动武装进攻,酝酿多年的美国内战终于爆发。

内战爆发后,南方又有4个州加入了叛乱的队伍。

1862年9月24日清晨，林肯发表了《解放宣言》，宣布从1863年1月1日起，叛乱诸州的奴隶全部获得自由。从此以后，解放奴隶成为北方作战的重要目标。

1864年春，北方最高统帅决定在东、西两线同时展开强大攻势。同年9月，西线大军将南方最大的工业城市亚特兰大攻陷。两个月后开始了有名的"海洋进军"，目标是萨凡纳。1865年4月9日，南方军向北方军请降，持续了4年之久的南北战争，最终以北方的胜利而结束。美国重新恢复统一。

这次战争，为美国资本主义的发展扫清了障碍，黑奴制的废除，巩固了美国的统一和保证了北方工商业资产阶级在国家政权中的统治地位，使得美国的经济在19世纪后半期进入了一个迅速发展的时期，奠定了美国帝国主义强国的地位。

欧洲革命与德意志统一

1848年,革命浪潮席卷欧洲大陆,维也纳体系在革命浪潮的三次冲击之下,至19世纪中后期冰消瓦解。

第一次革命浪潮发生在19世纪上半叶。1820年1月西班牙爆发革命,宣布成立革命政府,并恢复1812年宪法。革命斗争断断续续至1823年4月,在国内外反动势力的联合进攻下失败。1820—1821年,"煤炭党人"在意大利举行的起义,也以失败告终。1821—1829年,希腊人民爆发反对土耳其统治的民族解放战争,在以俄国为首的外国势力的支持下,希腊正式独立。1825年12月,俄国发生了十二月党人起义,但很快被沙皇政府镇压。1830年,法国巴黎人民推翻波旁王朝，建立七月王朝。同年8月比利时爆发独立战争，并得到世界的承认。至此，维也纳体系的要害环节崩断，四国同盟走向瓦解。

第二次革命浪潮是1848年的欧洲革命。1848年2月22日，法国巴黎无产阶级和广大市民发动武装起义，25日，法兰西第二共和国宣告成立。之后，共和派和工人阶级发生冲突，拿破仑一世的侄子路易·波拿巴逐渐夺取共和派手中的权力，开始实行君主制复辟活动。1852年12月2日，路易·波拿巴推翻共和国，宣布法兰西为帝国，并登上皇位，被人们称为拿破仑三世。

在法国二月革命的影响下，法国各地掀起了革命热潮。1848年3月，普鲁士首府柏林爆发革命，主张实现全德统一，但被普鲁士国王威廉四世镇压。

第三次革命浪潮是19世纪50—70年代的民族民主运动。1853年10月4日，俄国向土耳其宣战，克里米亚战争爆发，俄国彻底失败。俄国境内农奴爆发起义，迫使沙皇二世进行了解放农奴的改革，为俄国资本主义的发展创造了条件。1848年欧洲革命后,德意志虽然有了一个"德意志联邦"的政治名号,但仍然是大小邦国分权各治的局面。1861年,威廉一世登上普鲁士王位后,起用"铁血宰相"俾斯麦。俾斯麦认为,德意志要统一,最好的方式就是利用武力。1864年2月,俾斯麦发动对丹麦的战争,并很快将丹麦击败。1866年6月,普奥战争爆发,7个星期后,普军击败奥军,北德意志联邦于次年宣告独立。1870年7月,普法战争爆发,法军被击溃。1871年1月18日,威廉一世在巴黎凡尔赛宫举行加冕典礼,正式即位,成为德意志的皇帝。德国终于完全统一。

日本明治维新

19世纪中叶，日本幕府先后与英、法、美等资本主义国家缔结了一系列不平等条约，日本开始面临沦为半殖民地的危险。1869年6月27日，统治日本265年的德川幕府被新政府军推翻。革命胜利后，还政于日本天皇明治。明治政府开始实行一系列资本主义性质的改革，史称"明治维新"。

日本经过明治维新后，成为亚洲第一个实行西方式政治和经济现代化的国家，并且迅速跻身世界强国之林。但是，封建残余力量依然渗透在国家的政治、经济等方面，所以日本很快就走上了军国主义的道路。

谁说得对

关于世界封建体系兴盛及崩溃的历史，小伙伴们各抒己见。熟读世界通史的你，快来看看谁说得对，谁说得不对。

在打败拿破仑后，欧洲列强达成妥协，形成了维也纳体系。该体系的形成，表明由欧洲继续主导世界事务的新格局已经出现。

美国南北战争以北方的胜利而结束，为美国资本主义的发展扫清了障碍。南北战争是由美国总统华盛顿领导的。

1871年1月18日，威廉一世在巴黎凡尔赛宫举行加冕典礼，正式即位，成为德意志的皇帝。德国终于完全统一。

明治维新后，日本迅速跻身于世界强国之林，但封建残余力量依然渗透在国家的各个方面。日本很快走上了军国主义的道路。

第三章

两次世界大战前后
国际格局的演变

帝国主义国家的兴起

英国在第二次工业革命之前,一直位于西欧国家的前列。自19世纪70年代起,它的地位被德国、法国等迎头赶上,但是它在世界上仍拥有最多的殖民地,具有强大的海上优势。对殖民地的掠夺和资本的输出,使英国得到了巨大的利益,出现了一大批寄生的、靠食利息为生的阶层。殖民帝国主义是英帝国主义的特点。19世纪末到20世纪初,英国进入了帝国主义阶段。

法国尽管在第二次工业革命后因普法战争的原因落后于美、德、英各国,但仍表现出迅速发展的势头。19世纪末,法国垄断组织已经形成,到20世纪初,它成

了经济的主导。特别是集中程度极高的银行资本，使法国走到同期帝国主义国家的前列。法国同英国一样，大量向海外输出资本，并以高利贷的形式转向欧洲市场，高利贷所产生的巨大利润，源源不断地落入资本家的腰包。1909年至1913年，法国有500万人成为寄生的食利阶层。

德国进入帝国主义阶段的手段是侵略性的。19世纪70年代开始，它一直处于世界工业的领先地位。德国全国的经济命脉掌握在500个金融寡头手中。它发展迅速，但稍逊于美国，屈居世界第二。一些地主资产阶级把军政大权揽在手中，继承了普鲁士的军事机制及战略，与其他帝国主义展开利益的争夺。19世纪末20世纪初，进入帝国主义阶级的德国，其侵略扩张意识得到充分的膨胀，它成为二次世界大战的发源地。

美国是世界上工业发展最快的国家,19世纪末,它同欧洲各帝国主义国家一样,进入帝国主义时代。美国成为世界工业的魁首,这有利于它争夺世界霸主的地位。美帝国主义的特点之一就是扩张领土。

1940年,美国拓展边疆,从大西洋西岸一直拓展到太平洋东岸。在拉丁美洲,美国建立了一个泛美主义的同盟,完全控制了整个拉美地区。美国帝国主义在扩张中,一直把所谓的"美国利益"放在首位。围绕"美国利益",美国实行"门户开放"政策。在中国问题上,美国承认中国的独立性,但要求中国必须保证美国获得最大的利润和效益。其实,这种"门户开放"政策就是一种变调的殖民政策。

俄国是在19世纪80年代完成第二次工业革命

的,并在19世纪末20世纪初发展到了帝国主义时代。俄国资本主义垄断的形式主要是国家把资本集中于军事上,集中程度相当高,同时国家对经济实行了调控。在操作上,则采取利用外来资本、剥削国内人民和掠夺殖民地相结合的方式。

与俄、德一样,日本是一个军事化的帝国主义国家。明治维新后,日本资本主义经济发展速度超过俄国10倍,第二次工业革命的成就被充分利用,垄断组织率先在工业行业中形成。但日本的军国主义扩张战略同样在其帝国主义时代占有重要的地位。

巴黎公社革命

1870年9月2日,拿破仑三世在普法战争中战败投降。9月4日巴黎人民起义,推翻第二帝国。胜利果实却落入资产阶级共和派右翼和帝制派奥尔良党人之手,成立了"国防政府"。1871年2月17日,梯也尔出任法国政府首脑。28日签订法德和约,法国割让阿尔萨斯、洛林大片领土给德国,并赔款50亿法郎。梯也尔政府丧权辱国的行为激起人民群众的极大愤慨。巴黎民众纷纷要求成立公社,以监督政府。3月18日晨,政府出动军队镇压,从而触发武装起义。

3月18日,巴黎人民爆发起义,一举攻占了巴黎,政府人员落荒而逃,退至凡尔赛。3月28日,巴

黎公社宣告成立,它是世界上第一个无产阶级政权。

1871年4月1日,梯也尔政府组织军队进行反攻,5月23日至24日,巴黎公社市中心和蒙马特尔被攻陷。5月27日,最后的200名巴黎公社社员与5000名凡尔赛士兵在拉雪兹公墓展开血战,公社社员全部赴难。巴黎公社从成立到失败,仅存在72天。

巴黎公社虽然只存在了72天,但它为无产阶级革命运动提供了极其宝贵的经验和教训。巴黎公社是无产阶级为推翻资产阶级统治、建立无产阶级专政的第一次伟大尝试,揭开了国际共产主义运动的新篇章。公社实行的带有社会主义性质的制度,是无产阶级政权的雏形,为后来社会主义制度的建立提供了参考。

国际无产阶级组织形成

19世纪60年代，随着大工业的发展，无产阶级反对资产阶级的斗争也重新高涨起来。这一时期的工人运动表现出以下特点：第一，工人阶级的觉悟和组织程度日益提高；第二，欧洲各国无产阶级加强了国际合作；第三，马克思主义和各国工人运动日益密切结合。

1860年，马克思开始撰写《资本论》，深入探讨资本主义社会的发展规律。马克思主义和工人阶级的结合，在思想上，同时也在干部上为建立新的无产阶级国际组织准备了条件。

第一国际创立于1864年9月28日。在英国伦敦的圣马丁教堂里，来自德、意、英、法等国家的2000多名工人代表聚集在一起，马克思应邀出席大会。他们在这里开会，除了声援波兰起义之外，还决定成立国际组织，并选举产生临时中央委员会。同年10

月，国际工人协会正式成立，通过了马克思起草的《成立宣言》和《临时章程》。国际工人协会成立以后，对欧美各国的无产阶级革命进行声援，并建立了20多个支部。它还对蒲鲁东的机会主义思想和巴枯宁的无政府主义思潮进行了抵制与批判。

1876年7月，国际工人协会在美国费城召开会议，决定解散这一组织。为了与第二国际相区别，人们往往把这一组织称为第一国际。

继第一国际后，第二国际于1889年7月14日宣布成立。第二国际属于一个分散性的组织，总部只起到了联络和通讯的作用。

第二国际的作用是促进各国无产阶级政党的建立，同时促进和支持工人阶级进行争取议会权利的斗争。马克思和恩格斯逝世以后，第二国际遭到了一定的挫折，修正主义抬头。

修正主义的代表人物是伯恩施坦。他的修正主义思想在《社会主义的前提和民主党的任务》中暴露

无遗,他鼓吹以和平方式把资本主义引入社会主义,但却得到了一些人的快速响应。第二国际第五次代表大会于1900年9月在巴黎召开,会上以伯恩施坦为代表的修正主义者与以卢森堡为首的马克思主义者展开了针锋相对的斗争,而第二国际的负责人考茨基则采取中立的态度。结果,第二国际内三足鼎立,逐渐走向分裂。

帝国主义瓜分世界

在19世纪70年代，英国号称"日不落帝国"，殖民地遍布全世界。而法国则统治亚、非一些地区，俄国占领了中国的黑龙江以及外高加索和中亚，西班牙在东南亚和拉丁美洲占有大片殖民地，而美国则把拉丁美洲玩弄于股掌之中。帝国主义瓜分世界的趋势已经形成。

在争夺殖民利益的过程中，帝国主义国家之间的矛盾日益尖锐，出现了英俄在西亚、中亚的争夺，英法在北非的争夺，比利时与法国的刚果之争，美国、西班牙对拉丁美洲殖民地的争夺，还有德国对英布之战的干涉，日俄在中国也展开了争夺。

在俄国向南扩张的道路中，伊朗是最重要的战略地带。英国也想通过对伊朗的控制以更好地获得印度洋的利益。于是英俄展开了一场较量，在铁路、采矿、通讯和关税等诸多领域进行争夺，最后英国占据伊朗中、南部，伊朗北部则为俄国控制。

在阿富汗，英俄两国也展开了争夺。1885年9月10日，两国签订了和约。和约规定了英俄在阿富汗的势力范围。到1893年11月，英国完全控制了印度

通往阿富汗的山口要道,在战略上占有优势。

1869年苏伊士运河通航后,英法在尼罗河流域展开争夺。刚开始控制埃及的是法国,但1882年,英军通过战争使埃及沦为自己的殖民地,并将埃及作为在北非进行殖民扩张的跳板。1898年7月,法军占领尼罗河上游,与英军对峙。但法军由于发生内乱,只得将殖民权拱手相让。

参与刚果之争的除了比利时与法国外,还有葡萄牙。1884年11月,英、法、德、比、葡等15个国家派出代表,就刚果的统治权问题进行调解。最后,刚果落在了比利时手里。

美西战争于1898年4月爆发,是美国、西班牙争夺殖民地的一次较量。结果,西班牙战败。因而美

国获得了菲律宾、波多黎各和关岛的统治权,同时将古巴掌握在手中,实行所谓的"门户开放"政策,就是表面支持古巴,其实无偿享有古巴的利益。

1899年,美国提高"门户开放"原则的地位,召开了一次泛美联盟会议,从而把拉丁美洲变成了自己的势力范围。此前,美国也曾插手远东殖民地,并将魔爪伸向亚太地区。

英布战争指的是英国与布尔人的战争。开始时,战争受到德国的干涉,后来德国放弃了原来支持布尔人的立场。1899年,英国又发动了一次英布战争,攻占了德兰士瓦共和国,在那里建立了殖民地。

1894年中日甲午战争爆发,签订了《马关条约》,日本占领了台湾、澎湖与辽东半岛,并获得清政府2亿两白银的赔款。但中日战争中,日本受到俄、法等几个帝国主义国家的遏制,被迫放弃辽东半岛。俄国趁虚而入,占领了中国东北地区,并获得铁路营造权。俄国对中国东北的垄断引起日本的强烈不满,终于爆发了日俄战争。

亚洲反殖民主义运动

19世纪70年代,亚洲的殖民化达到极点。中国在19世纪末已被殖民者的洋枪洋炮轰开大门。帝国主义的侵略打破了中国原有的政治经济格局,同时,又给资本主义经济的发展提供了机遇,资产阶级革命也应运而生。19世纪60年代,中国发生了"洋务运动",目的是学习西方的先进技术,富国强兵。但洋务运动遭到封建保守势力的阻挠,并没有取得预期的效果。

到了19世纪末,中日甲午战争爆发。继后,义和团运动给了帝国主义殖民者以迎头痛击,但义和团运动因八国联军的侵入而宣告失败。

1901年《辛丑条约》签订,中国到了生死存亡的

关头。而光复会、兴中会的成立，又为中国历史带来了希望的曙光，为辛亥革命奏响了序曲。

19世纪70年代开始，朝鲜沦为日本的半殖民地。朝鲜人民不堪忍受本国统治者与日本帝国主义的双重压迫，经常爆发起义，1882年7月23日，汉城爆发了由数千名士兵参加的起义，他们与贫民会合，杀死日本军备人员，释放被关押的监犯和群众。但同年8月，起义被镇压。

此后，朝鲜资产阶级改良运动如火如荼。19世纪80年代到90年代，朝鲜的黄海道、京畿道等地发生起义，至1894年，形成燎原之势。因清政府和日本政府的武装干涉，起义军全军覆没，起义失败。

1802年,越南阮氏政府建立。阮氏政府暴虐残忍,引起了国内人民的强烈不满。到了19世纪中期,法国殖民者侵入越南。国内的苛政加上殖民势力的掠夺,越南人民遭受到双重压迫与剥削。为了反抗法国殖民者,越南农民展开游击战争。同时,"勤王运动"被推向高潮。"勤王运动"是1885年7月由阮氏政府大臣尊室说发动的,勤王军在顺化挫败法国军队,1885年至1896年,得到各界群众响应。19世纪末,"勤王运动"被镇压。

西班牙在1565年把菲律宾变为自己的殖民地。在安德烈·旁尼发佐的领导下，革命团体"卡蒂普南"在马尼拉成立，他们主张暴力反抗殖民者，到1895年，加入"卡蒂普南"的有3万人。后因内讧，旁尼发佐被阿奎那多杀害。美西战争爆发后，阿奎那多在1898年6月12日宣布成立新的菲律宾政府，同年8月阿奎那多当选为总统。但是，1899年美国突然对马尼拉发动进攻，菲律宾开始沦为美国的殖民地。

　　印度国大党的成立对于印度的反殖民主义运动起了强大的推动作用。印度国大党于1885年12月28日成立于孟买。国大党是得到英国统治者许可后成立的，它的目的在于争取参政议政的权利。继后，一批激进主义者加入国大党，他们提倡暴力反抗英国殖民者，结果激进主义者的领导人巴尔、甘格达尔、提拉克被英国殖民当局逮捕，但他们的威信也因此日增。国大党分成主战和主和两派，结果主战派占了上风。

中国辛亥革命

20世纪初,资产阶级民主革命思潮迅猛传播,震撼着中国思想界,并推动了民主革命运动的到来。1905年8月20日,同盟会成立。孙中山提出"驱除鞑虏,恢复中华,创立民国,平均地权"作为政治纲领。盟会的成立,标志着中国资产阶级民主革命进入一个新阶段。

保路运动是武昌起义的直接导火线。清政府的"铁路国有"政策一公布,立即引起湘、鄂、川、粤四省各阶层人民的反对,出现了广泛的保路运动。保路运动规模最大、斗争最激烈的是四川。清政府一面调湖北新军入川,一面命"实力弹压"保路运动。

湖北武昌的文学社和共进会趁机积极准备发动武装起义。1911年10月10日晚，武昌城内新军士兵打死镇压革命士兵的排长，攻占楚望台军械库，打响了武昌起义的枪声。经一夜战斗，11日，起义军占领武昌城，成立湖北军政府。武昌首义的成功，鼓舞了全国各地人民的革命斗志，全国各地革命党人纷纷起义响应。陕西、江西、山西、云南等十几个省先后宣布脱离清政府而独立。

1911年12月29日，孙中山以绝对多数当选为中华民国第一任临时大总统。1912年元旦，孙中山在南京宣誓就职，宣告中华民国成立。由于南京临时政府和各省都督府中立宪派、旧官僚、政客的篡权，以及一些革命党人的妥协退让，南京临时政府权力最后被袁世凯所篡夺。

非洲、拉美的民族独立

19世纪70年代,以苏伊士运河开通为标志,非洲殖民化开始。非洲的殖民化程度是世界上最严重的,至一战前夕已被欧洲各帝国主义国家瓜分殆尽。殖民者的剥削与掠夺,激起非洲人民的强烈反抗,非洲民族解放运动此起彼伏,主要有埃及阿拉比抗英斗争和苏丹的马赫迪起义等。

1883年,英国在埃及任命总督,从此埃及沦为英国殖民地。同时,埃及也成了英国殖民扩张的跳板。苏丹是英国殖民扩张的第一站。1881年,苏丹穆罕穆德·艾哈迈德自称为马赫迪,即救世主,领导苏丹人民对英军

展开"圣战",赢得了苏丹的独立,成立了真正属于苏丹人自己的政府机构。但不久起义就被镇压下去。

在北非,埃塞俄比亚人民也展开了轰轰烈烈的反帝运动。1895年,埃塞俄比亚开始沦为意大利的殖民地。埃国皇帝麦纳利克率领全国人民奋力抗击意大利殖民者,取得了胜利。

自19世纪60年代起,拉丁美洲一直处在美国、西班牙的殖民统治之下。1868年和1898年,古巴人民先后两次发动反殖民起义,以解放西属拉美的最后一块殖民地,终于将西班牙殖民者驱赶出去,取得了胜利。拉丁美洲的独立与解放,敲响了殖民主义的丧钟,也使拉美投身于世界一体化的发展历程。

谁说得对

关于殖民与反殖民的历史,小伙伴们各抒己见,争论激烈。熟读世界通史的你,快来看看谁说得对,谁说得不对。

19世纪末至20世纪初,英、法、德、美、俄、日等资本主义国家先后进入帝国主义阶段。它们大肆侵略和扩张,对殖民地人民进行掠夺。

1871年3月18日,巴黎人民爆发起义,一举攻占了巴黎。3月28日,巴黎公社宣告成立,它是世界上第一个无产阶级政权。

俄国对中国东北的垄断引起日本的不满,1904年在中国领土上爆发了日俄战争。这是帝国主义瓜分殖民地利益的战争。

自19世纪60年代起,拉丁美洲一直处在美国、英国的殖民统治之下。古巴人民先后两次发动反殖民起义,终于将英国殖民者驱赶出去,取得了胜利。

两次巴尔干战争

巴尔干地区战略位置显要,是兵家必争之地。直到20世纪初,土耳其一直控制着巴尔干半岛的大片领土,并实行残暴统治。1912年,保加利亚和塞尔维亚率先结成军事同盟,随后形成巴尔干同盟。

1912年10月,借意土战争之机,巴尔干同盟对土耳其宣战。土耳其军队被迫投降,请求列强调停。随后,伦敦会议召开。在会上,俄、法站在巴尔干同盟一边,德、奥则支持土耳其。

经过尖锐的斗争,《伦敦条约》签订,土耳其在欧洲的大片领土几乎都被巴尔干同盟各国瓜分;阿尔巴尼亚获得独立,但必须由各国共同指定其首任国王。巴尔干各族人民摆脱了土耳其的奴役。保加利亚在战争中获利最大,巴尔干同盟内部因此发生了严重分歧。

1913年6月,塞尔维亚、希腊、罗马尼亚结成了反保联盟。在奥匈的支持下,保加利亚首先宣战,第二次巴尔干战争爆发。门的内哥罗和土耳其也想趁火打劫,加入了反保战争。8月,保加利亚战败,被迫求和,第二次巴尔干战争结束。保加利亚在第一次巴尔干战争中获得的领土,几乎都被塞尔维亚、希腊、罗马尼亚和土耳其瓜分。

由于巴尔干各国之间矛盾重重,加上欧洲各大国的插手,巴尔干地区成为各种矛盾的焦点和第一次世界大战的火药桶。

第一次世界大战历程

20世纪初,奥匈帝国向巴尔干地区扩张,首先于1908年吞并了波斯尼亚和黑塞哥维纳,随后又将侵略矛头指向了塞尔维亚。这一切激起了塞尔维亚人的愤怒。1914年6月28日,奥匈帝国王储斐迪南夫妇在前往波斯尼亚首府萨拉热窝市政厅途中,被塞尔维亚爱国青年枪杀。以这一事件为借口,奥匈帝国在德国支持下于7月28日向塞尔维亚宣战。随后,

德、俄、英、法、日等国相继卷入了战争,第一次世界大战爆发。

第一次世界大战遍及全球,但主要战场在欧洲。在这里,共有4条战线:在西线,英、法、比联军与德军交战;东线,俄军与德、奥军队作战;巴尔干战线,奥匈、保加利亚军队与塞尔维亚、希腊、罗马尼亚、门的内哥罗等国军队对抗;在意大利战线,意、奥两军对抗。其中西线和东线在战场上起着决定性作用。

1914年8月,德军根据施里芬计划,首先侵入比利时,但遭到比利时军民的顽强抵抗,双方对峙了一个月。

9月初,德军与英法联军展开了马恩河会战,双方伤亡惨重,开始转入阵地战,德国速战速决计划宣告破产。

8月中旬,俄军攻入东普鲁士,德军被迫将一部分兵力东调。与东普鲁士一战，俄军惨败。但在加里西亚，俄军击溃了奥匈军队。到年底，东线也转入了对峙状态。1915年，德国转而在东线发起了大规模进攻，俄军惨败，但德军并未取得决定性胜利。

1916年是关键性的一年。德国再次在西线发起了猛攻，这一年的凡尔登战役成为转折点。从此，以英、法、俄为首的协约国逐渐掌握了战争的主动权。

1917年春，美国参战。同年，俄国"二月革命""十月革命"相继爆发，俄国不得不退出战争。1918年，协约国联军反攻，11月，德国战败投降，第一次世界大战结束。

第一次世界大战实质上是一场帝国主义的争霸战争，前后持续了51个月，有15亿人口被卷入战争，人民损失惨重。第一次世界大战使得德、奥、俄、土这四个帝国覆灭，英、法被削弱，美、日兴起，俄国建立了社会主义政权，此后的世界格局发生了巨大变化。

巴黎和会

1919年1月28日至6月18日,在巴黎附近的凡尔赛宫,召开了巴黎和会。和会实际上由英、法、美三大国把持,其他国家只能参与讨论与本国有关的问题。最后,和会签订了《凡尔赛和约》,即《协约国和参战各国对德和约》。

和约的第一部分为国联盟约,规定战后建立国际联盟。其余均为对德和约,主要内容:德国应承担战争责任;莱茵河左岸由协约国分区占领,时间有5年、10年、15年三种;莱茵河右岸为不设防区;在东部,德国承认波兰独立,并将一部分领土划归波兰;在南部,承认奥地利独立,禁止德、奥合并;在北部,将一部分德国领土划归比

利时和丹麦;在东南部,将一小部分领土划归捷克斯洛伐克。

关于德国的殖民地,由协约国以"委任统治"的方式加以瓜分。关于经济和赔偿问题,规定由协约国赔款问题委员会决定德国的赔款总额及支付方式;由德国负担协约国占领军的费用等等。

巴黎和约使英、法、日三国获利巨大,德国受到了苛刻的限制,对美国很不利,因而美国参议院拒绝批准《凡尔赛和约》。此后,协约国方面又陆续与战败国土、奥、保等国签订了和约,这些和约与《凡尔赛和约》一起构成了帝国主义的国际新体系——凡尔赛体系。

华盛顿会议

巴黎和会主要解决的是西方问题,远东和太平洋地区的问题未被顾及。一战后,美、英、日三国展开了激烈的海军军备竞赛,引发了普遍的不安情绪。1921年11月,美国倡议召开了华盛顿会议,有9个国家参与。12月,美、英、日、法四国签订了《四国条约》,规定:各国互相尊重它们在太平洋地区的岛屿属地和领土;如缔约国上述权利遭到威胁时,缔约国应相互协商、联合或单独采取措施。

1922年2月，美、英、日、法、意签订了《五国海军协定》，即《关于限制海军军备条约》。会议之外，中日就山东问题达成协定，规定：日军撤出山东，归还胶济铁路，中国给予日本经济赔偿。1922年2月，《九国公约》(即《关于中国事件应适用各原则及政策之条约》)签订，规定：尊重中国的独立和主权、领土与行政完整，在中国实行"门户开放"和"机会均等"的原则。《九国公约》的签订打破了日本对中国的独占，中国重新恢复到由几个帝国主义国家共同支配的局面，从而为美国进一步对华扩张和争夺亚太地区的霸权提供了条件。

华盛顿会议实际上是巴黎和会的继续，对列强在远东和太平洋地区的关系进行了一定的调整，从而建立起以美国为主导的"华盛顿体系"，标志着列强完成了对世界秩序的重新安排，即"凡尔赛—华盛顿体系"形成。

十月革命与共产国际建立

在第一次世界大战中,俄国连遭失败,国内危机深重。1917年3月,彼得格勒的工人和士兵发动起义,推翻了沙皇政府。随后,临时政府建立,资产阶级掌握了政权。

1917年4月,布尔什维克的领导人列宁回国,提出了著名的《四月提纲》,指出革命必须实现从资产阶级民主革命向无产阶级革命的过渡。但资产阶级的临时政府坚持帝国主义战争路线,敌视工人群众,迫害列宁等人。

11月7日,在列宁的亲自领导下,布尔什维克果断地发动了列宁格勒人民起义,夺取国家政权。11月7日这一天是俄历的10月25日,所以这次革命被称为十月革命。

此后,革命形势继续好转,到1918年春,全国各地几乎都建起了苏维埃政权。十月革命是俄国各种社会矛盾激化的产物,是俄国历史发展的必然。它冲破了世界帝国主义阵线,在世界上建立起第一个无产阶级专政的国家——苏联,开辟了世界无产阶级革命的新时代,具有划时代的意义。

1919年3月2日至6日,第三国际在苏联的莫斯科召开成立大会,共有30个国家的共产党和左翼党派的代表参加。大会通过了成立共产国际的决议,通过了《共产国际行动纲领》,选举产生执行委员会和执行局作为它的领导机构。这样,共产国际便正式建立了。

共产国际一直是一个高度集中的组织,它要求各国共产党都要执行统一的路线、方针、政策。因在很大程度上受苏联对外政策的影响，共产国际也出现了不少失误。自1919年3月建立到1943年6月解散，共产国际共召开过七次代表大会和十三次执行委员会会议。

共产国际的建立，标志着第二国际机会主义的最终破产，世界无产阶级有了自己的核心和战斗的司令部。共产国际继承和发展了第一国际的革命原则，提出了无产阶级新的革命原则和任务，推动了国际共产主义运动的进一步发展。1943年6月，共产国际执委会主席团召开了最后一次会议，宣布共产国际自行解散，结束了它长达24年的历程。

非暴力不合作运动

一战后,英国在印度实行高压统治,于1919年颁布了《罗拉特法案》,又制造了"阿姆利则惨案",印度国内民怨沸腾,民族解放运动迅速高涨起来。

1920年9月,国民大会党在加尔各答举行特别会议。在会上,甘地和穆斯林领导人阿里兄弟一起制定了"非暴力不合作计划"。这一计划包括三步:第一步,放弃英国政府授予的封号、爵位和名誉职位;第二步,印度学生从英国人开办的学校退学,印度人不在政府、立法机关、法院任职,同时抵制英国商品;第三步,拒绝纳税。与此同时,国大党进行了改组,广泛吸收工人、农民和手工业者入党,国大党迅速成为一个强大的、具有群众基础的现代政党。

"非暴力不合作计划"得到了印度各阶层人民的广泛响应,2/3的选民抵制选举,印籍公务员离职,学生退学,有的地方还爆发了起义。甘地也被印度人民称为"圣雄"。

1922年2月,"曹里曹拉村惨案"发生,甘地和国大党深感自责,第一次非暴力不合作运动宣告失败。1930年3月,甘地开始"食盐进军",发动了第二次非暴力不合作运动。但英国拒绝让印度自治,甘地的不合作运动,遭到了殖民当局的残酷镇压。1934年4月,甘地宣布无条件停止不合作运动。

两次不合作运动,沉重打击了英国殖民统治,为印度以后的独立打下了基础。

土耳其革命

一战中,土耳其是战败国,面临着被瓜分的危险。1918年,土耳其许多地方建立起"护权协会",成立以凯末尔为主席的执行委员会。

迫于民众压力,苏丹同意召开国民议会。1919年1月,议会通过了凯末尔起草的《国民公约》,这实际上是土耳其的独立宣言,并且反对协约国强加的种种限制。3月,协约国军队在伊斯坦布尔登陆,苏丹解散国民议会。4月,大国民议会在安卡拉举行,会上建立了以凯末尔为总统的国民政府。

8月，苏丹政府在协约国的迫使下签订了《色佛尔条约》，土耳其丧失了大片国土，国家的财政、海关大权也被列强控制。丧权辱国的条约的签订，激起土耳其人民的强烈愤慨。凯末尔政府在全国人民和苏俄的大力支持下，不断取得战争的胜利。1922年8月，英军被迫与土耳其讲和。1923年7月，土耳其与协约国签订《洛桑条约》，废除了帝国主义列强的治外法权、财政监督等特权，土耳其收回一部分领土，同时国家独立得到承认。

1923年10月29日，土耳其共和国成立，凯末尔当选为首任总统，他领导共和国进行了一系列具有资产阶级民主性质的改革。

土耳其凯末尔革命是一战后殖民地半殖民地第一次取得胜利的革命，沉重打击了帝国主义的殖民政策，将凡尔赛体系撕开了一个缺口。土耳其迈入了历史发展的新时期。

谁说得对

关于第一次世界大战前后的历史,小伙伴们各抒己见,争论激烈。熟读世界通史的你,快来看看谁说得对,谁说得不对。

20世纪初,欧洲出现了两大军事集团——协约国和同盟国,双方的较量引发了第一次世界大战,这场战争以同盟国的胜利而告终。

1919年1月至6月,巴黎和会召开,和会由英、法、美三大国把持。这不是什么和平会议,实际上是帝国主义的分赃大会。

1917年,俄国的列宁领导布尔什维克发动"十月革命",夺取了国家政权,建立了世界上第一个无产阶级专政的国家——苏联。

一战后,甘地领导印度人民进行了非暴力不合作运动,为印度以后的独立打下了基础。甘地因此被印度人民称为"圣雄"。

罗斯福"新政"

20世纪20年代，是世界资本主义相对稳定的"繁荣"时期，但资本主义的基本矛盾并未得到根本解决，资本主义发展隐藏着严重危机。1929—1933年的经济大危机席卷了全球，沉重打击了资本主义各国。此后，世界经济长期萧条，迟迟不能复苏。

1929年10月24日，美国纽约股市出现了抛售股票的狂潮。29日，股价再度猛跌。此后，股市持续3年下降，长期低迷不振。同时，危机波及到各个行

业、国家和地区，最后扩展到整个资本主义世界。这次大危机持续时间长达4年，破坏性极大，使经济长期萧条，世界经济倒退了几十年，工厂大量破产，失业人数猛增。

面对大危机，资本主义各国纷纷寻求解决问题的出路。1932年罗斯福当选美国总统，开始推行"新政"。1933年6月，罗斯福通过《银行法》，把商业银行和投资银行分开，并限制银行的投机活动。

1933年6月，国会通过《产业复兴法》，这是"新政"的核心所在。1933年，国会还通过了《紧急救济法》，拨专款直接救济失业者。1935年，国会通过《社会保障法》，同年还通过了《全国劳工关系法》。

"新政"的各项措施，使美国的经济危机得以缓和，开了国家大规模干预经济活动之先河，缓和了社会矛盾，对后来美国经济的发展产生了重大影响。

德意日法西斯的兴起

一战后,巴黎和会建构了"凡尔赛体系"。再度复兴的德国、意大利和新兴的日本,不甘心忍受英、法、美等国操控的世界格局。1929年,世界爆发了持续的空前的经济大危机。同时,也引起了各国劳工运动和革命运动的高涨。这些促使法西斯主义在德、意、日等国家盛行。

首创法西斯主义的并不是德国的希特勒,而是意大利的墨索里尼,"法西斯"一词来自拉丁文,象征

暴力和强权高于一切。第一次世界大战结束后,墨索里尼在意大利建立了法西斯党,鼓吹和推行法西斯主义,党徒身穿黑色制服,故又称"黑衫党"。1922年,墨索里尼发动政变,在意大利建立了世界上第一个法西斯专政。因此,法西斯成为独裁和暴力的代名词。

1919年希特勒加入"德意志工人党",转年改组成"国社党"(又称"纳粹党"),希特勒自任党的领袖,推行"纳粹主义"即德国法西斯主义。1933年希特勒在德国垄断资本家的支持下,出任内阁总理。1934年希特勒发动政变,夺取政权,自任国家元首,建立了比意大利更加专制和残暴的法西斯专政。

在日本,鼓吹和推行法西斯主义的主要是军部,一些右

翼党派和"御用文人"则充当了帮凶和鼓吹手。日本法西斯主义更具有军事专制独裁色彩，故称为"日本军国主义"。1936年2月26日，日本军部的少壮派军官发动了"二二六兵变"，袭击首相官邸，刺杀政府重要官员。兵变使新上台的内阁完全受军部控制，日本加紧实行全面军国主义化。

随着法西斯政权在德、意、日的建立，这三个国家很快走上了对外侵略、扩张的道路，它们组成侵略集团，企图控制和瓜分全世界。1936年，德国和意大利秘密签订《德意议定书》，形成柏林—罗马轴心。同年11月25日，德国同日本签定《反共产国际协定》，1937年意大利也加入。从此，三国结成侵略性的军事政治集团，称之为柏林—罗马—东京轴心，又称为轴心国集团。

柏林—罗马—东京轴心的建立，三国随之而进行的疯狂军事活动，最终导致了第二次世界大战的爆发，使人类遭受了巨大的灾难和苦痛。

二战的爆发

20世纪30年代，国际法西斯势力十分猖獗，日本在东亚、德国在欧洲大陆、意大利在埃塞俄比亚和西班牙，逐步扩张势力，但英法却采取纵容态度，推行"绥靖政策"。1938年9月，背着捷克斯洛伐克，英法与德意共同签定了肢解捷克斯洛伐克的《慕尼黑协定》，并强迫捷克接受，"绥靖政策"被推向顶峰。

1939年3月，德国公然吞并了捷克斯洛伐克，又将侵略矛头指向波兰。同年8月23日，苏联为了维护自己的利益，与德国签订了《苏德互不侵犯条约》。没有了后顾之忧，德国开始放手进攻波兰。

8月31日夜，一支德国党卫军化装成波兰陆军，袭击了德国边境城镇格莱维茨，并广播了反德声明。希特勒贼喊捉贼，以此为借口，于9月1日向波兰发动进攻，波兰被迫迎战。3日，英、法在警告无效的情况下被迫对德宣战。第二次世界大战全面爆发。

第二次世界大战是反法西斯国家为了保卫和

平、反对侵略而与法西斯国家进行的一场战争,也是人类有史以来规模空前的一次战争。60多个国家、4/5的世界人口卷入了这场战争,战火遍及欧洲、亚洲、非洲,以及大西洋、太平洋和地中海,是一场真正的世界性战争。第二次世界大战爆发以后,反法西斯力量与法西斯势力展开激烈斗争,其中太平洋战争、斯大林格勒战役以及后来开辟的第二战场对战争的进程都产生了重要的影响。

1941年12月7日,日本联合舰队偷袭了美国在太平洋上的最大海军基地珍珠港,美军毫无准备,太平洋舰队遭到重创,损失惨重。同时,日军又向东南亚和西南太平洋发动了全面进攻。12月8日,美对日宣战。11日,德、意对美宣战。至此,二战超出了欧洲,成为世界性的战争。

　　斯大林格勒战役于1942年7月17日爆发。苏德军队多次交锋以后,苏军拟定反攻计划,准备围歼斯大林格勒的德军主力。11月19日,一部分苏军在斯大林格勒的北部发动进攻,向西南方向突进。第二天,另一部分苏军在斯大林格勒南面发起了进攻,从而构成了"铁钳攻势"。南北两翼的苏军会师于卡拉奇,将斯大林格勒地区的33万德军包围。

　　1943年2月2日,被围德军遭全歼,德军统帅保卢斯被俘。斯大林格勒战役前后持续了200天,苏军歼敌近150万人,使德军遭到了开战以来最大的失败。这一战役成为苏德战争和第二次世界大战的重要转折点。

1944年春,世界形势的发展对盟军在西欧开辟第二战场极为有利。美英于是任命艾森豪威尔为盟军远征总司令,加快了在西欧登陆的进程。6月6日晨,盟军登陆部队先是以三个师登陆,接着在海上和空中火力的掩护下,分别在5个登陆场突击上岸。到傍晚,盟军已在大陆上建立了牢固的立足点。到12日,盟军将5个登陆场连成一片,形成一个较大的统一登陆场。到6月底,盟军已有100万人登陆,登陆场的正面达到100公里。由于希特勒固持己见,认为盟军在诺曼底登陆只是一次牵制性行动,在加莱

地区将会有一次更大的登陆,因而在诺曼底地区德军只布置了13个师。7月下旬,登陆盟军在做好准备工作后,发起攻势,杀出了诺曼底地区。至此,诺曼底登陆战役胜利结束,盟军开辟了第二战场。

第二战场的开辟,使德军陷于两线作战的困境,加速了法西斯德国的崩溃和第二次世界大战的进程。诺曼底登陆战役也是世界历史上最大的一次两栖登陆作战。1945年5月,德国战败,无条件投降。8月日本投降,9月2日签署投降书,二战以反法西斯同盟的胜利而告终。

"雅尔塔体系"

1945年年初，轴心国败局已定。为了协调盟国关系，安排战后的世界秩序，当年2月，美、苏、英三国首脑罗斯福、斯大林、丘吉尔在苏联的雅尔塔举行会议，对战争和战后的一些重大问题作出了决定，主要包括四个方面的内容：

第一，关于德国问题。三国一致同意最终击败德国，使其无条件投降，然后分区加以占领。战后，要清除德国的纳粹主义和军国主义，解散德国一切武装力量，实现德国的民主化；成立一个由苏、美、英三国代表组成的赔偿委员会，负责德国对盟国的赔偿事宜。

第二，关于波兰问题。在更广泛的基础上对波兰临时政府加以改组，以容纳国内外的民主领袖；波兰的西部和东部边界应从德国获得领土补偿。

第三，关于组建联合国问题。

第四，关于对日作战问题。苏联同意在欧洲战争结束后两至三个月内参加对日作战,其条件:维持外蒙古的现状;库页岛南部及邻近的一切岛屿交与苏联;大连商港国际化,苏联享有优越权;苏联租用旅顺港为海洋基地;中东铁路、南满铁路应由苏、中共同经营,但中国保有在东北的主权。

  雅尔塔会议既对三大国此前商讨过的问题进行了总结,又为战后的国际格局确定了基本框架——"雅尔塔体系"。这对协调盟国之间的关系,加速世界反法西斯战争的胜利,维护战后的世界和平都有积极作用,但它同时也是大国强权政治的体现。"雅尔塔体系"其实是美苏划分战后势力范围的产物。

1945年7月至8月，在波茨坦，苏、美、英三国首脑斯大林、杜鲁门、丘吉尔举行了最后一次会晤，讨论如何解决一些战后问题，包括如何安排战后世界秩序、分享战争胜利果实以及如何迅速击溃日本法西斯等。波茨坦会议是"雅尔塔体系"的重要组成部分，对欧洲政治格局和苏美关系格局的形成产生了重要影响。

　　1946年12月12日，苏、美、英、法四国外长在纽约确定《五国和约》，并得到四国批准。1947年2月10日，《五国和约》签字仪式在巴黎举行，前德国附庸国处置问题得到解决。《五国和约》的缔结，是战后欧洲国际新秩序确立的标志。

　　"雅尔塔体系"形成的最后一个环节是对日本问题的处理。1945年12月，盟国成立远东委员会和盟国管制日本委员会两个机构，但实际上日本处于美国的一手掌控下。1951年9月8日，除苏联、波兰、捷克斯洛伐克之外的48个与会国在《对日和约》上签字。1952年4月28日，《对日和约》正式生效，美日双方的《安全保障条约》也同时生效。这标志着"雅尔塔体系"正式形成。与此前的"凡尔赛—华盛顿体系"相比,"雅尔塔体系"具有其历史进步性。但由于它是在几个大国尤其是美苏斗争与妥协的基础上形成的,因而大国强权主义色彩十分浓重。"雅尔塔体系"在事实上划分了美、苏的势力范围,随着美苏之间矛盾的加剧,以美苏为首的两大阵营开始形成。

原子弹的发明

1945年8月6日和9日,美国分别向日本的广岛和长崎,投下了两颗原子弹。15日,日本政府无条件投降。可见原子弹在促使日本投降中所起的作用,也可见原子弹毁灭性的杀伤力。

核武器是利用能自持进行核裂变或聚变反应释放的能量,产生爆炸作用,并具有大规模杀伤破坏效应的武器的总称。其中主要利用铀235或钚239等重原子核的裂变链式反应原理制成的裂变武器,通常称为原子弹。此外,主要利用重氢或超重氢等轻原子核的热核反应原理制成的热核武器或聚变武器,通常称为氢弹。

核武器的出现,是20世纪40年代前后科学技术重大发展的结果。1939年初,德国化学家哈恩和物理化学家斯特拉斯曼发表了铀原子核裂变现象的论文。接着,众多科学家验证了这一发现,并进一步提出有可能创造这种裂变反应自持进行的条件,从而开辟了利用这一新能源为人类创造财富的广阔前景。但是,同历史上许多科学技术新发现一样,核能的开发也被首先用于军事目的,即制造威力巨大的原子弹。

从1939年起,由于法西斯德国扩大侵略战争,欧洲许多国家开展科研工作日益困难。同年9月初,丹麦物理学家玻尔和他的合作者惠勒从理论上阐述了核裂变反应过程,并指出能引起这一反应的最好元素是同位素铀235。正当这一有指导意义的研究成果发表时,英、法两国向德国宣战。1940年夏,德军占领法国,法国物理学家约里奥·居里领导的一部分科学家被迫移居国外。英国曾制订计划进行研究,但因战

争影响,后来也只能派出物理学家,赴美国参加原子弹研制工作。

　　在美国,经从欧洲迁来的匈牙利物理学家齐拉德·莱奥和另几位从欧洲移居美国的科学家奔走推动,1939年8月,物理学家爱因斯坦写信给美国总统罗斯福,建议研制原子弹,引起美国政府注意。但最开始只拨给经费6000美元,直到日本袭击珍珠港后,才扩大规模,到1942年8月发展成代号为"曼哈顿工程"的庞大计划。第二次世界大战即将结束时,美国制成3颗原子弹,使其成为世界上第一个拥有原子弹的国家。

　　1949年,苏联成功研制出原子弹;英国、法国分别于1952年和1960年爆炸了自己研制的原子弹;1964年,中国也拥有了原子弹。

联合国的成立

1942年1月1日,正在对德、意、日法西斯作战的中、美、英、苏等26国代表在华盛顿发表《联合国家宣言》。1945年4月25日,来自50个国家的代表在美国旧金山召开联合国国际组织会议并签署了《联合国宪章》。同年10月24日,《联合国宪章》开始生效,联合国正式成立,10月24日为联合国日。联合国总部设在美国纽约,在瑞士的日内瓦设有联合国欧洲办事处。

联合国的宗旨：维护国际和平与安全；发展国际间以尊重各国人民平等权利及自决原则为基础的友好关系；进行国际合作，以解决国际间经济、社会、文化和人道主义性质的问题，并且促进对于全体人类的人权和基本自由的尊重。

联合国安理会由中国、法国、俄罗斯、英国、美国5个常任理事国和10个按地区分配原则选出的非常任理事国组成。《宪章》规定，安理会在维护国际和平及安全方面负有主要责任。秘书长是联合国的最高行政首长。

联合国的成立，对战后国家政治格局的发展产生了重大影响，对维护世界和平和促进国际合作作出了重要贡献，是当代历史进程中的重大事件。

谁说得对

关于二战后世界格局形成的历史,小伙伴们各抒己见。熟读世界通史的你,快来看看谁说得对,谁说得不对。

20世纪30年代,法西斯势力猖獗,日本在东亚、德国在欧洲、西班牙在埃塞俄比亚扩张势力,三国结成轴心国,成为二战的肇始。

1922年,墨索里尼发动政变,在意大利建立了世界上第一个法西斯专政。因此,法西斯成为独裁和暴力的代名词。

1945年2月,美、苏、英三国首脑举行雅尔塔会议,安排战后世界秩序,"雅尔塔体系"初步形成。雅尔塔体系是美苏划分战后势力范围的产物。

联合国安理会的5个常任理事国是中国、法国、俄罗斯、英国和美国。